I0192465

Norbert-Bertrand Barbe
Membre Honoraire de
l'Académie Nicaraguayenne de la Langue

COMPILATIONEM TESTIMONIUM
OPUS
SUPER INOPIA DE DEI
EXISTENTIA
Dissertations sur la question
de l'existence et des attributs
de Dieu

ISBN: 978-2-35424-194-0

Collection "*Textes et Mythes*"

ISSN: 1631-6657

© 2019, Bès Editions

Toute reproduction intégrale ou partielle du présent ouvrage, faite par quelque procédé que ce soit, sans le consentement de l'auteur ou de ses ayants cause, est illicite et constitue une contrefaçon sanctionnée par les articles L.335-2 et suivants du Code de la propriété intellectuelle.

"De plus en plus d'intellectuels ou d'écrivains s'en réclament. Les scientifiques continuent de spéculer sur son existence. Les athées militants contribuent à la polémique. Peut-on raisonnablement faire l'inventaire des raisons d'y croire? On peut..."[1]

(Philippe Chevallier, *"Sept raisons de croire en Dieu"*, *L'Express*, 4/8/2012)

Le présent Ouvrage prétend s'intéresser à la question de la religion à partir de la question de la véracité de ses prémisses, utilisant comme point de départ et appui le christianisme comme modèle, puisque nous en venons, en tant que société, en montrant comment Dieu n'existe, au moins, qu'en tant que narration, l'action du Christ ne nécessitant pas de son existence réelle pour fonctionner comme mythe, d'abord en tant que reprise des mithriaques (pensons au dieu entouré des douze signes du zodiaque[2] et à son repas[3]) et dionysiaques (pensons, par exemple, à la correspondance entre la libération de Dionysos dans *Les Bacchantes* avec celle de Saint Pierre dans les *Actes des Apôtres*), ensuite comme paraphrase itérative interne (passage de la Mer Rouge par Moïse/Jésus marchant sur les eaux), et finalement comme représentation magique (dans et par ses miracles).

En outre, comme l'écrit Paul Féval dans le troisième volume des *Habits Noirs*, intitulé: *La rue de Jérusalem* (1868), ce qui vaut bien, identiquement, pour les nombreux Messies contemporains du Christ[4]:

"Nous avons eu entre les mains des pièces volumineuses et originales se rapportant à deux des quatre personnages qui, précisément, se firent passer pour Louis XVII.
Avec ces dossiers, nous comptons bien élever quelque jour un monument à l'audace des charlatans et à l'éternelle splendeur de la bêtise humaine."[5]

Comme *nihil negativum* (Emmanuel Kant), Dieu, indéfinissable (Parménide; *Exode*, 3, 14), est tout et son contraire (pour ce que *"± Dieu est le plus court chemin de 0 à ∞, dans un sens ou dans l'autre"*[6]), puisqu'en étant infini, il contient les opposés, si l'on veut ainsi le justifier, pour ce qu'à la fois on nous dit qu'il crée et fait tomber les rois, mais qu'en même temps il respecte l'absolu libre arbitre des hommes, d'où proviendrait seulement toutes les misères du monde[7]. Opposition parallèle à celle affirmant, d'une part, que les voies de Dieu sont impénétrables, alors que, de l'autre, les religions affirment savoir ce que Dieu veut et pense, et châtient ainsi ceux qui n'obéissent pas à ces desseins connus. On voit que la logique interdit, cependant, de pouvoir combiner ces considérations aussi diverses que contradictoires.

Mais cela met, pour nous, parfaitement, en évidence le caractère, encore une fois, narratif du substrat religieux (Le concept d'années "*perdues*" de Jésus [entre son enfance et sa vocation messianique] n'existe que dès lors que l'on pense sa vie biographiquement [comme *a priori* d'un personnage historique], alors que, si l'on se place du point de vue du mythe [seuls les textes bibliques évoquent le Christ], elles n'existent simplement pas, car elle n'y ont aucun rôle narratif ni actionnel), celui-ci n'étant pas démonstratif (puisqu'il ne prétend pas à un raisonnement ni à la vérificabilité, car, de fait, il est incapable de la fournir[8], de ses affirmations ni de l'existence divine - tout au contraire, induisant même explicitement le plus souvent à croire sans comprendre, de l'incrédulité de Thomas à l'*Imitation de Jésus-Christ* en passant par les Béatitudes de *Matthieu*, 5, 3-12 -), mais argumentatif; en cela, les miracles, non productibles par leur unicité même, n'ont rôle, comme la magie des prêtres de Pharaon, qu'à exposer leur anormalité (car s'ils étaient universels, ce ne serait plus des miracles - ce qui montre bien leur caractère narratif: ils n'existent que par le récit que celui qui les a vu en fait à tous ceux qui n'y ont pas participé, au mépris total du fait que cette exemplarité de leur apparition marque leur limite même, ainsi Jésus n'est pas revenu au bout de mil ans, malgré la promesse apocalyptique, et chacun de ses miracles, qui n'a atteint qu'un seul être et jamais aucun autre [les aveugles sont restés aveugles, et, à part Lazare et les Protoplastes, les morts n'ont pas été ressuscités], n'a tenu lieu, comme dans les contes, nous pensons aux cycles des Doués dans les contes[9], qu'à la représentation d'un épisode de l'aventure avec une maladie différente chaque fois et une morale associée: victoire sur la mort ou figuration du dieu comme pourvoyeur et répartisseur, même si la guérison de la cécité, à cinq reprises, et de la lèpre, deux fois, s'y répètent -) et, en faisant cela, à affirmer l'existence divine, en ce qu'elle est implicitement capable de surpasser le domaine naturel, qui autrement limite l'ensemble du créé.

N.B.B.

Laguna de Apoyo, Nicaragua
15 Août 2018

[1] https://www.lexpress.fr/actualite/societe/religion/7-raisons-de-croire-en-dieu_1145235.html

[2] "*L'on s'autorisait du verset de l'Exode, XXII. 20 "Sacrificans diis eradicabitur nisi Deo soli", pour soutenir que les offrandes aux puissances sidérales étaient permises, et St Augustin (Civ. Dei, XIX. 23) croit devoir expressément rappeler qu'il ne s'agit point ici du deus Sol mais du seul Dieu (cf. Leblant, Les persée. et les martyrs, 1893, p. 54 et 111). Cette confusion a laissé des traces dans l'art: Sur un verre peint le Christ est couronné de rayons (Duruy, Hist. Rom., VII, p. 52, d'après Garrucci. Pitture ceteri. pl. 171:3) et sur un sarcophage de Manosque (Leblant, Sarcoph. de la Gaule, 1880, p. 142, pl. 1.) la tête de chacun des douze apôtres est surmontée d'une étoile, allusion aux douze constellations zodiacales que le soleil parcourt chaque année; cf. Clément de Rome. Homil., II, 23 : Τῷ κυρίῳ γε· ονάσιν δώδεκα ἀπόστολοι τῶν τοῦ ἡλίου δώδεκα μηνῶν φέροντες τόν ἀριβμόν.*

Ces identifications voulues expliquent que les païens aient souvent cru de bonne foi que le soleil était le dieu des chrétiens Tertull., Apol., 16; Alii humanus et verisimilius solem credunt deum nostrum, cf. Ad nationes. I. 13 et Origène, Contr. Cels., VIII, 67, p. 283, 17, éd. Koetschau). En fait, l'astre était identifié avec le Christ par les manichéens (Baur. Manich. Religion, p. 295. cf. St Augustin. Confess., III, 6, § 10; Contra Fortanatum, I. 3, p. 85. 6: Contra golem facitis orationem et infra, t. II. p. 39, note. Déjà dans la Διηγήσις τῶν ἐν Περσίδι προχθέντων [cf. supra, p. 43], les mages de la cour du roi de Perse font une dédicace Δτί τΗλίῳ βεῶ ,νεγύλῳ βισιλεῖ Ἰησοῦ (p. 166, n. éd. Wirth).

En Arménie, Elisée Vartabed raconte que les chrétiens pour échapper aux persécutions des Sassanides firent semblant d'adorer le Soleil et "suivirent ostensiblement toutes les lois des mages", mais que "leur adoration sans s'arrêter au soleil matériel montait jusqu'au Soleil de justice" (trad. Karabagy Garabed, 1844, p. 57). Le culte du Soleil a pu avoir un autre caractère que ne l'avoue l'auteur chrétien. Il a laissé des traces dans la religion populaire de l'Arménie jusqu'à nos jours (cf. Abeghian, Der armenische Volksglaube, 1899, p. 41s.). On bénit et on jure en invoquant le nom de cet astre, et dans certains cantons, au moment de son lever, on s'agenouille et l'on prononce la prière. "O toi Soleil radieux, que ton pied repose sur mon visage, protège mes enfants, etc." L'ancien dieu païen est resté le héros d'une foule de légendes.
— *Cf. en outre p. 349, n. 2.*" (Textes et monuments figurés relatifs aux Mystères de Mithra publiés avec une introduction critique par Franz Cumont Professeur à l'Université de Gand, Bruxelles, H. Lamertin, 1899, Tome Premier Introduction (Contenant 14 figures et une carte), "Notes additionnelles Note C Le Soleil symbole du Christ", p. 356)

[3] "*And this food is called among us Εὐχαριστία [the Eucharist], of which no one is allowed to partake but the man who believes that the things which we teach are true, and who has been washed with the washing that is for the remission of sins, and unto regeneration, and who is so living as Christ has enjoined. For not as common bread and common drink do we receive these; but in like manner as Jesus Christ our Saviour, having been made flesh by the word of God, had both flesh and blood for our salvation, so likewise have we been taught that the food which is blessed by the prayer of His word, and from which our blood and flesh by transmutation are nourished, is the flesh and blood of that Jesus who was made flesh. For the apostles, in the memoirs composed by them, which are called Gospels, have thus delivered unto us what was enjoined upon them; that Jesus took bread, and when He had given thanks, said, "This do ye in remembrance of me, this is my body;" and that, after the same manner, having taken the cup and given thanks, He said, "This is my blood;" and gave it to them alone. Which the wicked devils have imitated in the mysteries of Mithras, commanding the same thing to be done. For, that bread and a cup of water are placed with certain incantations in the mystic rites of one who is being initiated, you either know or can learn.*" (Ante-Nicene Christian Library: Translations of the Writings of the Fathers down to A.D. 325. Edited by the Rev. Alexander Roberts, D.D., and James Donaldson, LLD. Vol. II. Justin Martyr and Athenagoras, Édimbourg, T. And T. Clark, "The First Apology of Justin", "Chap. LXVI.—Of the Eucharist", pp. 64-65)

[4] Cf. par ex. Bertram Eugen Schwarzbach, "*Compléments à l'annotation de l'article «Messie» du Dictionnaire philosophique*", Dix-huitième Siècle, 1997, No 29: Le vin, pp. -548-549. Voir aussi, en ce sens, les nombreux "*mhadis*" ou réincarnations de Mahomet, https://fr.wikipedia.org/wiki/Mahdi#Les_pr%C3%A9tendus_Mahdi_historiques

[5] Paul Féval, Les Habits Noirs 3 La rue de Jérusalem, Paris, Marabout Géant, 1967, pp. 74-75.

[6] Alfred Jarry, Gestes et opinions du docteur Faustroll Pataphysicien — Roman Néo-Scientifique — Suivi de Spéculations, 1898, Paris, Bibliothèque-Charpentier - Eugène Fasquelle, 1911, "XLI De la surface de Dieu", p. 120.

[7] L'erreur commune des interprètes est non semble-t'il, de considérer le problème du silence de Dieu à partir de la torture ou d'évènements graves et en quelque sorte universels, ceci d'Albert Camus à Jean-Paul Sartre pour l'époque contemporaine ("*Le silence est compris comme l'abandon du souffrant par Dieu. Albert Camus a poussé cette critique très loin. En 1932, avec un ami, il est témoin d'un accident en Algérie. Un enfant musulman heurté par un bus reste dans le coma. Un doigt pointé vers le ciel, Camus dit à son ami: «Tu vois, il se tait». Le silence de Dieu est le signe de son indifférence: il n'y a rien à en attendre et à en espérer.*

Donc pour Camus, plutôt que de regarder vers le ciel, plutôt que de croire, mieux vaut agir, comme le suggère le docteur Rieux dans «La Peste»: «Puisque l'ordre du monde est réglé par la mort, peut-être vaut-il mieux pour Dieu qu'on ne croie pas en lui et qu'on lutte de toutes ses forces contre la mort, sans lever les yeux vers le ciel où il se tait». Sartre sera plus radical, estimant que le silence de Dieu équivaut à son inexistence. Pourquoi vouloir répondre sur le mode de la foi à un silence qui n'est au fond celui de personne: «Le drame suprême de l'homme est d'avoir à donner une réponse, alors que personne n'appelle».", "La souffrance: Dieu en procès" Chartres, journée de formation du 17 Novembre 2011, première partie de l'intervention du Père Jean-Yves Baziou, https://www.diocese-chartres.com/wp-content/uploads/2015/06/jyb1_dieuenprocesv2.pdf, p. 4), mais provenant de la tradition plus ample, puisqu'on la trouve déjà chez Voltaire dans sa reponse à Leibniz, suite au tremblement de terre de Lisbonne en 1755 ("Cent mille infortunés que la terre dévore… aux cris demi-formés de leurs voix expirantes, au spectacle effrayant de leurs cendres fumantes, direz-vous: «C'est l'effet des éternelles lois qui d'un Dieu libre et bon nécessitent le choix?». Direz-vous en voyant cet amas de victimes: «Dieu s'est vengé, leur mort est le prix de leurs crimes?", "Poëme sur le désastre de Lisbonne ou examen de cet axiome", Œuvres complètes de Voltaire, Paris, Garnier Frères, 1877, T. 9 La Pucelle - Petits Poèmes - Premiers contes en vers, p. 480). En réalité, est beaucoup plus pertinent considérer les petites misères de la vie (comme le simple mal de dents), comme pour l'organisation sociale, où n'étant plus du "Cosmos de Nature", l'humanité pourrait veiller au bien-être individuel et collectif (permettant de dire que force est de constater qu'effectivement, du moins, si l'on ne peut savoir si Dieu a fait l'homme à son image, au moins l'homme a fait Dieu à la sienne), elle s'ingénie au contraire à s'offrir mutuellement, avec la plus grande persistance solitude, amertume, tortures, morales et physiques de toutes sorte, misère, etc. Peut-on imaginer un être suprême si mal préparé qu'il créa de si petits instruments pouvant faire autant souffrir, en nombre inapproprié, puisque les dents de sagesse n'ont plus de place souvent au fond de la bouche, et de structure si mal conçue qu'elle favorise l'apparition de caries notamment, là où, paradoxalement, un dentier paraît être plus efficace pour pressionner et mastiquer, sans produire de néfastes effets secondaires à la personne.

[8]En ce sens, fait important pour nous, est hautement paradigmatique la substancielle inversion du fait que l'incapacité du Christ à se défendre de ses agresseurs, sa complète humaine faiblesse, définie comme la preuve absolue de sa divinité.

[9]Cf. Emmanuel Cosquin, Les Contes indiens et l'Occident, Paris, Librairie ancienne Honoré Champion - Édouard Champion, 1922, pp. 431ss. Voir ainsi les contes tels que Les Sept Siméon, Les Trois Frères, Les quatre frères habiles, Les Six Frères paresseux, https://fr.wikipedia.org/wiki/Les_Sept_Sim%C3%A9on#Variantes; Les Sept Souabes, https://fr.wikipedia.org/wiki/Les_Sept_Souabes; Les Musiciens de Brême; etc.

"*Ils passent leur vie sans avoir aperçu cette représentation si sensible de la Divinité, tant la fascination du monde obscurcit leurs yeux. Souvent même ils ne veulent pas les ouvrir, et ils affectent de les tenir fermés, de peur de trouver celui qu'ils ne cherchent pas. Enfin, ce qui devrait le plus servir à leur ouvrir les yeux ne sert qu'à les leur fermer davantage...*"
(Fénelon, *Traité de l'existence et des attributs de Dieu*)

[1] François de Salignac de La Mothe Fénelon, *Œuvres Choisies, De l'existence de Dieu - Lettres Sur La Religion - Discours pour le Sacre de l'Électeur de Cologne - Lettres Sur L'église, etc. Précédés d'observations par le Cardinal De Bausset Nouvelle Édition revue d'après les meilleurs textes*, Paris, Garnier Frères, 1880. p. 2.

SOMMAIRE

Métatexte des monothéismes

1. Méthodologie et contexte - Analyse littéraire de la prédictibilité rhétorique dans la séquence narrative comme déterminant stylistique des postulats prescritifs de la figure divine par rapport à sa création dans le *corpus* biblique

Sigmund Freud, à la fin de la deuxième partie de *Moïse et le monothéisme* (1939), écrit qu'il serait passionnant d'étudier depuis l'histoire juive de quoi est faite la tradition.

Le projet de son ouvrage, écrit pour moitié à Vienne et pour moitié à Londres, durant l'apogée du nazisme, différencie la figure historique de Moïse de celle mythique de Jésus. Il définit le judaïsme comme monothéisme, le christianisme comme polythéisme. Il trouve finalement deux Moïse, l'Égyptien disciple d'Aton et celui de Quadès qui permettra l'intégration de la divinité sanguinaire Jahvé, de la division des deux royaumes d'Israël et de Judas entre néo-égyptien en lévites d'une part et populations midianites autochtones de l'autre.

Or tout comme Freud se demande pourquoi malgré les évidences étymologiques du nom de Moïse, historique à Quadès et étiologique de la circoncision, d'origine proprement égyptienne, les scientifiques ne pensèrent jamais à une origine égyptienne de Moïse, il nous semble curieux que Freud ne pense pas à Moïse comme un personnage littéraire, malgré sa citation initiale des héros mythographiques auxquels il s'intègre comme le montre son disciple Otto Rank dans son ouvrage *Le mythe de la naissance du héros*.

Freud ne semble pas lui-même retenir (cap. V) le fait du meurtre rituel du héros-dieu (il cite la découverte d'Ed. Sellin) comme un indice que la figure mosaïque est un mythe.

Moïse n'obtient-il pas d'ailleurs les cornes d'Amon dans l'iconographie?

Il semble qu'en résumé la démonstration de Freud veuille voir dans l'antisémitisme nazi et européen historique en général un meurtre du Père, similaire à celui de Moïse par les Juifs. Il perd alors de vue deux voies d'analyse: le mythe qui se reproduit avec Jésus et si lui-même pose la question de l'historicité de Jésus, celle de Moïse doit se mettre, au moins par rebond, en parallèle. Le sectarisme des monothéismes, dont l'exemple antique est le cas de la philosophe Hypatie, et le pendant ce que Devereux définit parfaitement comme la schizophrénie des chamans et s'applique, selon notre lecture, aussi bien à Moïse, colérique selon la *Bible,* qu'à Jésus, qu'aux Inquisiteurs et aux pasteurs et aux hommes politiques.

Comme les structures ne sont que les produits des peuples, cette seconde perspective doit nous renvoyer obligatoirement au thème central de la méchanceté de la race humaine qui, minimisé par les sociologues, les psychologues et les historiens, qui s'occupent peu de la vérité, les empêche de comprendre les dictatures comme conséquence de l'organisation politique et sociale générale et les *serial killers* comme une modalité des guerriers de Dieu ou de la Patrie encensés par la littérature et l'art. D'où accessoirement le succès parallèle et jamais démenti auprès du public vampire des films de guerre.

Le présent travail se centre sur le monothéisme mais la même démonstration peut se faire du polythéisme, sauf qu'aujourd'hui, au moins dans le monde occidental, personne ne croît sérieusement au singe sauveur de princesse, à la pluie d'or et aux cendres des Titans, ni au serpent chthonien comme dieu pourvoyeur.

Il nous semble curieux ainsi que les mêmes peuples et intellectuels qui nient les croyances antiques assument, malgré les actuelles preuves archéologiques qui s'amoncellent, l'historicité de toute évidence fausse de la *Bible* dans toutes ses parties.

En particulier aucune des grandes villes juives antiques n'existèrent dans les dimensions que leur prête l'*Ancien Testament.*

Freud comme l'ensemble des savants donne à celui-ci une date ancienne. Bien qu'il reconnaisse comme date de modification d'à peu près tout le Vème siècle avant J.-C. avec le *Code des Prêtres* par Ezra et Néhémie comme fixation du texte biblique tel que nous le connaissons.

Or accepter cela apporte une preuve de conséquences.

Génétique tout d'abord: c'est l'état ultime d'un texte, le plus récent donc, quand on ne connaît pas ses versions antérieures qui doit fixer la date certaine de l'écriture. Ici donc le Vème siècle.

Littéraire et idéologique ensuite.

Si la Grèce des VIIème-Vème siècles de Parménide à Platon (dans le *Phèdre* notamment) conçoit l'idée explicite d'un Être non nommable, dieu-Soleil, d'où proviennent les âmes, et donc d'une entité divine sinon unique du moins supérieure aux autres dieux, tombe alors du même coup l'éternel postulat de la particularité du complexe biblique sur ces points, dont se fait pourtant, comme tous, écho Freud.

Mais si donc la datation assumée par tous ne permet plus ce particularisme, il faut alors élever la constatation et nous demander en quoi le monothéisme assumé se distingue du polythéisme.

On voit d'abord que les démultipliés anges et démons du *Talmud*, repris par la tradition chrétienne de Pseudo-Denys à Collin de Plancy, reproduisent tout comme les épiclèses à Dieu, Jésus ou à la Vierge, la structure idéologique, formelle, narrative et hiérarchique du modèle égyptien.

Pareillement prouve la dérivation polythéiste encore présente le terme Elohim conservé jusqu'à ce jour dans la *Bible,* l'association entre le dieu Jahvé et deux divinités féminines dont l'une nommée Anat-Jahu (nom qui renvoie aux versions perses d'Isis) dans la colonie juive d'Éléphantine citée par Freud. Ou le nom d'Adonaï (Adonis) dans le credo juif, également cité par Freud.

Les épisodes de la libération de Saint Pierre dans les *Actes des Apôtres* utilisé par Raphaël au Vatican et du Christ ressuscité sont la reprise de celle de Bacchus dans *Les Bacchantes.* Le meurtre et la résurrection du Christ et selon Freud d'après Sellin de Moïse lui-même sont les reproductions à l'identique de la mythologie universelle (*Totem et Tabou*), de ceux de Mithra, avec ses douze apôtres et sa Cène, d'Attis, d'Adonis, de Bacchus, etc. (comme nous l'étudions dans *Mythes*), d'Osiris enfin, contrairement à ce que pose Freud. Ce sont les deux Moïse comme tué et rené, préfiguration de Jésus; mais il faut pour cela le voir comme figure littéraire, ce que ne fait pas Freud.

Les colonies juives en Europe datent de l'époque romaine. Freud cite le cas de Cologne. On se reportera au prosélytisme juif étudié, entre autres, par Ben Zion Wacholder (1961)[1], Norman Golb (1987)[2] ou encore Shlomo Sand (2009)[3].

Les liens rituels et logiques entre les premiers chrétiens et les disciples de Bacchus ont par exemple été étudiés par Adalberto Giovannini (1996)[4]. Similitude de rituels confirmée par les reproches de Tacite[5]. Les Romains confondaient identiquement les cultes égyptiens et hébraïques (voir Suétone[6]), même si les premiers furent interdits et les seconds non (Giovannini). La lettre de Pline à Trajan indique explicitement l'idée que des chrétiens se réunissaient en "*hétairies*" illicites.

2. Lecture

À présent, ceci une fois posé, il convient de constater que là où les religions, notamment la gréco-romaine, sont organiquement compréhensibles, ainsi la vengeance de Poséidon contre Ulysse ne pose aucun problème de compréhension, ne reconnaître qu'un dieu tout puissant et à la fois entièrement bon crée automatiquement toute la nécessité du

---

[1] Ben Zion Wacholder, "*Cases of Proselytizing in the Tosafist Responsa*", *Jewish Quarterly Review*, No 51, 1961, pp. 288-315.
[2] Norman Golb, *Jewish Proselytism - A Phenomenon in the Religious History of Early Medieval Europe*, University of Cincinnati, 1987.
[3] Shlomo Sand, *The Invention of the Jewish People*, New York, Verso Books, 2009.
[4] Adalberto Giovannini, "*L'interdit contre les chrétiens: raison d'État ou mesure de police?*", *Cahiers du Centre Gustave Glotz*, 1996, Vol. 7, No 1, pp. 103-134.
[5] Tacite, *Annales*, T. IV, notes de la p. 234 et T. V, note 2 p. 302, par J.-M. Dotteville, Paris, Impr. De Moutardier, 1799.
[6] *Suétone*, trad. de M. de Golbery, Paris, Panckoucke, 1830, T. I, note 3 p. 470.

débat insoluble entre libre arbitre et prédestination, dont les conséquences logiques se retrouvent entre Leibniz et Voltaire et entre Heidegger et Sartre.

C'est ainsi ce qui fit penser à de nombreuses sectes chrétiennes que le monde d'ici-bas était aux mains d'un dieu inférieur et méchant. C'est ce qui a permis le motif médiéval récurrent du pacte avec le diable, et ce qui a définit en rebond la figure favorable du Lucifer du XIXème siècle.

La Diable romantique, athée en son origine idéologique, décadente, est profondément chrétien dans sa représentation. En effet, si le monde négatif dans lequel nous vivons s'explique, ce n'est que par la perte du combat par la figure moins puissante dans la dualité manichéenne obligatoire, fausse universellement mais vrai dans le monothéisme, que pour que Dieu existe il lui faut le Diable.

Cependant en quittant à Dieu la responsabilité du Mal (par la voie du libre arbitre ou du Diable régent de ce monde, ou des deux à la fois comme dans le *Livre de Job*), on le prive de sa toute puissance. À l'inverse, en la lui rendant on le rend obligatoirement jaloux et violent. Le fameux Dieu dans l'*Ancien Testament* rappelé par Freud selon lui en référence au premier Moïse.

Résumons cela: le monothéisme implique l'idée d'un pouvoir absolu relégué entre les mains d'un seul Être tout puissant. Dès lors qu'il n'est pas simple procréateur (ancêtre, Père en terme freudien) mais Dieu, il règne en permanence dans le temps et l'espace.

Autant qu'est fausse l'idée de Freud que l'élection du peuple par Dieu est proprement juive, on la retrouve dans les consécutifs types égyptien, précolombien, noir africain et cambodgien, est certain que nos monothéismes assumèrent, sauf dans les sectes paléochrétiennes peut-être, l'idée d'un dieu absolument bon car en termes classiques sa création ne peut pas être mauvaise (pour deux raisons: il est dieu donc ne peut pas se tromper; si la création est mauvaise c'est qu'il contient en lui l'erreur, ce qui ne se peut étant supérieur à nous), et en termes leibnizien il a choisi le meilleur de tous les mondes possibles.

Ce qui nous fait directement entrer dans le cadre du discours littéraire, et de la justification *a posteriori*. Similaire à l'explication des déductions de Dupin par Edgar Allan Poe par la connaissance antérieure que l'auteur créateur de la trame a aussi par le fait de sa solution.

Dans le cas biblique cet à rebours pour pouvoir fonctionner nécessite qu'existe un péché qui rende la créature coupable des défauts siens et de ceux de la création. C'est le Péché originel. Qui crée une difficulté (ce dédoublement du monde entre le jardin d'Éden et la terre, les deux Jérusalem, l'une devenant par nécessité céleste ou olympienne, donc grecque, de Saint Augustin) mais fonctionne le temps que n'arrive pas le Messie.

Autrement dit le système juif tombe dès lors qu'il devient chrétien. Car arrivé le Messie, et sauvée ou compensée la faute il n'y a plus de possibilité de nier la difficulté entre le monde négatif où nous vivons et le dieu positif qu'on lui attribue.

Ce n'est pas un hasard si le monde juif n'a pas ouvert l'ample débat du monde chrétien sur la prédestination.

Le dieu négatif rêvé par Saint Anselme en ce qu'on trouvera une intéressante inversion du rêve comme révélateur des pulsions inconscientes de type purement freudien.

Résumons de nouveau: la compensation nécessaire du monde réel dans lequel nous vivons oblige du point de vue narratif l'opposition du Jardin et du Péché originaux mais la répétition infinie (Éden, Noé, etc.) de la tension actionnelle entre péché et rédemption (Salomon, David, l'ensemble des prophètes...) fait finalement, comme dans un mauvais scénario, tomber dans un dernier mouvement insoutenable (pour cela deux des monothéismes ont préféré rester sur le mouvement antérieur, lequel cependant pose la question de l'éternité de son statisme) de la rédemption, mais dès lors ce qui paraissait une bonne idée sur le plan textuel (c'est l'*ever after* des contes) devient insoutenable et dérisoire dans la vie réelle (c'est *Shrek 2, 3*, etc.).

De là que le christianisme tend à vivre d'eschatologie (Xème siècle, Bosch, adventisme,...), versant logique de l'accumulation de pseudo-Messies de l'histoire du *Talmud* et de l'Islam.

3. Conclusion

Les monothéismes plus que toutes les autres religions, au contraire de ce qu'on nous dit toujours, sont basés sur la mise en place de recours purement narratifs, de fait relativement pauvres, puisque là où les religions traditionnelles veulent créer des systèmes d'histoires infinis, à l'instar des contes dans le monde populaire, les monothéismes sont auto-réduits à des compositions de démonstration (preuves de la bonté de Dieu, de la salvation, etc.).

Ce qui d'un point de vue psychanalytique explique l'étrange plus grande similitude entre les religions primitives à chaman et les monothéismes plutôt qu'avec les religions intermédiaires.

Georges Devereux pose l'essence du chaman comme schizophrénique en ses besoins de représentation et dans sa compétition avec les autres. Platon dans *Phèdre* insiste sur l'aspect positif du délire, ce que reprendront les néo-platoniciens florentins Ficin, Pic ou Equicola. L'extase, la possession et le miracle, trois valeurs fondamentales notamment du christianisme, représentent parfaitement cette centralité historique dans le monothéisme.

Ce n'est pas un hasard si la psychanalyse, donc le refoulé, naqui(ren)t du monothéisme dans la société occidentale. Sur son site, Fabrice Lorin insiste sur la judaïcité de Freud dès 1897 lorsqu'il rentre au B'naï Brith jusqu'au dernier Freud du *Moïse et le monothéisme*.

Les pasteurs évangéliques, dans leurs harangues, comme le gospel, modifié mais réutilisé dans les églises catholiques d'Amérique Latine, avec de fameux chanteurs centraméricains dans les dernières décennies, révèlent cette recherche de spasme hypnotique collectif sublimé dont les versions laïques occidentales sont la musique hippie, Woodstock, le disco, le New Age, l'électronique et les rave parties.

En politique, ce sont les formes de discours d'un Hitler, d'un Mao ou des dictateurs castristes, ou chavistes, avec les harangues de cinq à huit heures par jour du *leader*, les manifestations populaires obligées du stalinisme, du fascisme, du franquisme, ou de Corée du Nord.

Le présent travail prouve, comme nous l'avons montré dans notre étude sur Blanche-Neige, que la logique religieuse n'est pas théologique mais fonctionne dans l'ordre du récit, en fonction des nécessités de la séquence narrative, comme un récit policier en quelque sorte, d'où notre référence à Poe, ce qui démontre bien qu'étant indirectement les textes religieux, oraux ou écrits (mythes, légendes, contes), réduits au domaine humain de l'appréciation des nécessités immédiates du procès d'écriture, ils ne pourraient en aucun cas être le produit transcendantal d'un esprit supérieur, divin.

Ceci valant donc, on vient de le voir, en premier lieu pour la *Bible* et sa copie qu'est en deuxième instance le *Coran* (en première instance le *Nouveau Testament* autour de Jésus étant la reproduction de l'aventure mosaïque).

Preuve on ne peut plus claire de l'ensemble de notre présente démonstration est que l'on ne sait pas trop bien comment ceux-là même qui prétendent haut et fort (en général tout chaman, religieux ou représentant d'une autorité ecclésiastique quelconque) savoir ce que Dieu veut, comment lire les Saintes Écritures, etc., peuvent nous imposer, par le même raisonnement, l'idée, qu'ils répètent pourtant à l'envie face aux difficultés que leur posent les incohérences narratives que nous démontons ici, que les voies du Seigneur sont "*mystérieuses*".

Comme, le cercle se fermant ainsi, permet de mieux l'apprécier le présent travail, que nous renvoyant, plus généralement, à celui, fondateur, du citoyen Dupuis.

Le problème de l'existence de Dieu

"Si Dieu existe, le cardinal de Richelieu devra répondre de beaucoup de choses. Sinon, ma foi, il aura bien réussi dans la vie."
(Exclamation attribuée au pape Urbain VIII, à l'occasion de la mort de Richelieu)[7]

"Voilà. J'ai dit toute la vérité. Vous pouvez me pendre. Vous pouvez faire de moi tout ce que vous voudrez. Mais vous ne pourrez pas me punir comme déjà, j'ai été puni. Je ne peux pas fermer les yeux sans voir ces deux visages me regarder: me regarder comme ils l'ont fait quand mon bateau a troué la brume. Je les ai tués vite: eux me tuent lentement. Encore une autre nuit, et je serais mort ou fou avant le matin. Vous ne me laisserez pas seul dans une cellule, monsieur? De grâce ne le faites pas! Au jour de votre agonie, puissiez-vous être traité comme vous me traiterez aujourd'hui.
Quelle est la signification de tout cela, Watson? me demanda Holmes d'un ton solennel en reposant le document. À quelle fin tend ce cercle de misère, de violence et de peur? Il doit bien tendre à une certaine fin, sinon notre univers serait gouverné par le hasard, ce qui est impensable. Mais quelle fin? Voilà le grand problème qui est posé depuis le commencement des temps, et la raison humaine est toujours aussi éloignée d'y répondre."
(Arthur Conan Doyle, *Son dernier coup d'archet*, 1917, "II. La Boîte en carton")

0. Introduction

Notre bon ami Alberto Martínez-Márquez de la revue récemment renouvelée *Letras Salvajes* (Porto Rico) nous a demandé quelques réflexions, du point de vue philosophique, sur la question de Dieu et de son existence en tant que question d'actualité.

Une telle demande nous a rendu heureux pour plusieurs raisons. Une desquelles étant que ce thème est devenu, comme pour beaucoup d'humains, un problème qui nous inquiète depuis un certain temps.

Il y a environ sept ans, lorsque nous étions en France, nous avons eu un long et riche échange d'opinions à travers internet avec le Directeur

---

[7]Alain Finkielkraut, *Penser le XXe siècle*, Paris, Editions Ecole Polytechnique, 2000, p. 74. Plusieurs variantes sont citées pour cette même phrase: "*Si Dieu existe, Richelieu aura à rendre compte de beaucoup de choses. Sinon [...], enfin, il a eu une vie pleine de succès.*" (*Revue roumaine d'histoire*, Vol. 42-43, Bucharest, Éditions de l'Académie de la République Socialiste de Roumanie., 2005, p. 160); la plus répandue étant: "*Si Dieu existe, il [Richelieu] paiera; si Dieu n'existe pas, bravo!*" (Michel Clévenot, *Les chrétiens du XVIIe siècle*, Paris, Retz, 1989, p. 33; Maurice Chevaly, *Genet*, Paris, Temps parallèle, 1989, T. II, p. 191; et Marie-Joseph Chalvin, *Qui sont vraiment nos politiques?: de Jeanne d'Arc à Ségolène, de Bonaparte à Sarkozy*, Paris, Eyrolles, 2006, p. 194; cité d'après Michel Carmona, *Richelieu*, Paris, Fayard, 1987, référencé *in ibid.*), laquelle est une modernisation de "*S'il y a un Dieu, il aura beaucoup à expier; s'il n'y a pas de Dieu, c'était un homme irréprochable.*" (*Ibid.*, p. 234)

de l'Alliance Française de León de Nicaragua, l'entomologiste spécialiste des papillons de ce pays, Jean-Michel Maes, à propos de l'existence possible d'un être supérieur, d'un créateur et d'un guide. Notre compagnon Maes a misé davantage sur la croyance en cet Être, nous étions sur le chemin opposé.

0.a. Du monde contemporain face à Dieu

Le monde contemporain est quelque chose de complexe. Il est évident que la civilisation occidentale, fondée sur le christianisme, tend donc à s'en imprégner, dans sa tradition (onomastique du calendrier, d'éducation, de grands penseurs et de philosophes de saint Augustin à saint Thomas d'Aquin) et ses rituels (Noël, Pâques, fêtes des Saints), alors que l'héritage des Lumières, la séparation entre État et Église, et l'athéisme des grands courants intellectuels des XIXème et XXème siècles (du *Faust* de Goethe et du *Caïn* de Byron à Nietzsche et à Sartre, en passant par le marxisme) ont créé un terrain fertile pour la négation de cela même que notre société a créé: la foi.

Le débat a été posé de diverses manières depuis l'aube de l'ère moderne, avec le franciscanisme et les ordres mendiants contre les ordres traditionnels, avec le luthéranisme et le calvinisme consécutifs, jusqu'aux scandales qui sans peur ont pu être mis à jour à la fin du XXème siècle et au début du XXIème siècle de prêtres catholiques pédophiles, scandales qui ont même fait douter de la canonisation de Jean Paul II, en raison des nombreux cas durant son mandat comme Saint-Père.

0.b. Du monde occidental face à Dieu

D'un autre côté, nous devons garder à l'esprit que parler de Dieu c'est toujours parler de soi.

Ce n'est pas la même chose de parler de Dieu en étant bouddhiste que taoïste, musulman ou chrétien. Ça ne l'est pas non plus selon qu'on est un ancien Grec ou un Romain, un Sumérien, un Égyptien des grandes pyramides, un Celte, un indigène américain ou un aborigène australien avant les conquêtes respectives de ces mondes par les Européens modernes.

Cela a une conséquence directe: l'image mentale à partir de laquelle nous partons pour parler de Dieu.

Un exemple concret de ceci est l'évolution même de la foi chrétienne. Alors que pour un homme médiéval Dieu était en dehors de la Création et la gouvernait d'en haut, pour un homme moderne, comme Spinoza par exemple, Dieu est dans la Création, d'où son identification avec la Nature elle-même. De même, pour un homme du XXème siècle, influencé par les multiples variantes du christianisme, en particulier américain protestant, et par l'athéisme et l'agnosticisme de nombreux courants de pensée, la relation avec Dieu ne doit pas nécessairement passer par un intermédiaire, que ce soit la Vierge ou les Saints, comme au Moyen-Âge européen, ou que ce soient les prêtres, comme encore en Amérique Latine. Ainsi, un grand nombre de croyants dans le monde sont, comme il est coutume de les définir, des non-pratiquants. Simplement parce qu'ils ne croient plus autant aux institutions religieuses et pensent que leur relation avec Dieu est avant tout intime, non sociale.

0.c. Possibilités de révision

De fait, la question des qualités divines n'est pas un problème récent, ni non plus antireligieux, puisqu'elle a été soulevée par les sectes paléochrétiennes, c'est-à-dire à *l'intérieur* et *par* le même appareil discursif et de pouvoir de l'institution théologique de la foi (si l'on nous pardonne cette tautologie initiale, comme emphase justificatrice pour nous et notre voyage dans les méandres de ce travail).

Ainsi, d'une part les Saturniniens (Saturninien étant un disciple de Simon le Magicien) pensaient que Dieu n'était pas directement créateur de l'humanité, mais l'avait créé à travers sept anges, et d'autre part les Basiliens, qui attribuaient la libération non à Dieu, qui vivait selon eux dans le niveau le plus bas des sphères des cinq étoiles ou éons: Esprit, Intelligence ou

Prudence, Sagesse et Pouvoir, dont l'ensemble formait Abraxas (origine théosophique de la pensée de Jung de son *Livre Rouge*), dont les deux derniers ont créé 365 paradis (le même nombre que les jours de l'année[8]) au niveau le plus bas desquels, à son tour, vivait le dieu hébreu. Les Valentiniens distinguaient le vrai Dieu, qui n'était pas le soi-disant Créateur des juifs, mais un autre, appelé Le Profond, dieu mâle qui avait une contrepartie féminine appelée, à son tour, Silence. Pour eux:

"Tras el proceso de degradación provocado por Sophía (el eón último más imperfecto del pléroma, origen del pecado) viene el proceso de redención que culmina en la bajada del Logos (Cristo) al mundo. El Salvador ilumina a los gnósticos en el «descubrimiento» de su realidad divina. Con la muerte, el elemento divino presente en el gnóstico se reintegrará al pléroma; también a los psíquicos se les ha reservado una salvación inferior, extrapleromática, mientras que los hombres materiales caerán en una disolución total."[9]

Les Carpocratiens croyaient que le monde avait été créé par les archontes, esclavagistes de l'âme humaine. Les Caïnites et les Marcionistes acceptèrent de voir Dieu comme un démon, les Caïnites considérant Ève comme la libératrice du Dieu de l'*Ancien Testament*, qui serait un démon qui avait quitté le principe divin aux mortels, Caïn étant une victime de ce démon, et Judas le gardien de la vérité agnostique du Christ[10].

La considération même que:

1. Les noms bibliques, y compris ceux des Protoplastes et du Christ, sont symboliques;
2. Il est communément admis aujourd'hui que, si la plupart des personnifications de la *Bible* sont considérées comme historiques, Adam et Ève ne le sont pas, et encore moins le serpent;
3. Il n'y a pas besoin que le Christ ait existé pour que le mythe fonctionne, en ce sens qu'il correspond à ceux de Mitra et d'Adonis (celui-ci également de nom clairement symbolique par son étymologie), ce qui n'implique pas que personne ne croit que ceux-ci soient des personnages réels;

Permet, en donnant les lignes directrices dans ces différentes perspectives, d'envisager la révision de l'existence de Dieu.

---

[8]https://fr.wikipedia.org/wiki/Basilidiens
[9]https://es.wikipedia.org/wiki/Valentiniano
[10]Cf. Pablo H. Jiménez, "*Sectas paleocristianas - Hermanos selectos*", *Muy Interesante*, Marzo 2015, No 3, pp. 58-63.

1. La question de Dieu et de son essence

Il est remarquable que les écrits sur ou contre l'athéisme contemplent généralement une position liée à la déclaration préalable, *sine qua non*, de la naturalité de la foi, comme phénomène ahistorique. Ainsi, dans le de nombreuses fois réédité *Traitté de la religion contre les athées souvent réédités, ils déistes et les Pyrrhoniens Nouveaux* (édition de 1627), qui pose une plainte initiale:

"La face de la Chrétienté paroît toujours la même, parce que tous ceux qui portent le nom de Chrétien font reünis ensemble dans les mêmes Temples,... Mais il y a lieu de gemir devant Dieu de la diverfité horrible des fentimens"[11]

On nous parle à continuation de trois états d'impiétés:

"Le premier eft celui d'une Impiété naiffante, qui confifte dans une corruption fecrette, & qui se trouveroit même en peu de personnes. Le dernier au contraire eft une dépravation publique & universelle, comme si la plus grande partie des hommes faifoit ure profeffion ouverte d'Impiété. Mais entre cesdeux extremitez, il y a un milieu qui sert de passage de l'une à l'autre; c'eft un anéantiffement intérieur de tous les fentimens de Religion, qui par contagion fe communique & fe répand dans les Efprits."[12]

Nous sommes informés que:

"Du tems de S. Augustin l'"Impieté n'étoit encore que dans le premier degré."[13] *"En effet les hommes ne tomberont pas tout d'un coup dans cette infidélité generale des derniers tems, dont Jesus-Christ les a menacez par ces paroles: Quand le Fils de l'homme reviendra sur la terre, croyez-vous qu'il y trouve de la Foy?"*[14]

Ainsi, nous voyons que les deux références historiques servent à présenter la foi, spécifiquement chrétienne, comme donnée de toute éternité, étant l'athéisme ou l'infidélité une perversion des temps.

À son tour, le *Traité de la véritable religion contre les athées, les déistes, les païens, les juifs, les mahométans et toutes les fausses religions* (1737) affirme:

---

[11]Michel Mauduit, *Traitté de la religion contre les athées souvent réédités, ils déistes et les Pyrrhoniens Nouveaux*, Paris, Lambert Roulland, 1627, *"Préface"*, p. 2.
[12]*Ibid.*, *"Préface"*, pp. 3-4.
[13]*Ibid.*, *"Préface"*, p. 5.
[14]*Ibid.*, *"Préface"*, p. 6.

"Il ne fuffit pas de fçavoir en général que le Chriftianisme eft de toutes les Religions qui regnent dans le monde, la feule qui mérite les hommages de notre cœur & de notre esprit, parce qu'elle eft la seule que Dieu approuve, & qui foit marquée au fceau de la divinité; on doit encore rechercher avec exactitude quelle eft la fociété de Chrétiens dans le fein de laquelle on profeffe le vrai Chriftianifme."[15]

Commençant le volume par cette phrase, ce traité met en évidence deux éléments importants: le premier, que nous avons déjà vu avec le précédent, est le fait que le support du discours religieux passe par un *a priori* original qui n'a pas besoin d'être démontré ou qui se suppose démontré par son affirmation même: la primauté de la foi et son caractère naturel. C'est ainsi aussi qu'ici le christianisme est postulé comme vraie foi, non par comparaison antagoniste, mais par l'auto-affirmation que Dieu l'approuve, pour ce que devient superflu tout le reste (à savoir la démonstration de cette affirmation, puisque nous n'avons aucun moyen de communication directe avec Dieu). Le second, que beaucoup de ces dissertations supposent comme infidélité ou absence de foi ce qui en réalité (et le démontrent leurs longs titres, qui énumèrent des positions considérées comme des hérésies) sont d'autres relations avec Dieu ou d'autres religions. Par conséquent, cela ne nous aide pas vraiment non plus à aborder la question de Dieu, de son existence ou de ses attributs.

De fait, le traité de l'Abbé Hespelle, intitulé: *La seule véritable religion démontrée contre les athées, les déistes et tous les sectaires* (1774, T. II), commence (*"Chapitre V De la Fausseté des autres Religions"*, qui initie le volume) avec cette déclaration (premières phrases, également aussi, du livre):

"Les autres religions se réduisent à quatre; la Payenne, la Chinoise, la Juive & la Mahométane.

ARTICLE I.
De La Religion Payenne.
Le Paganisme est un culte qu'on rend aux Créatures, au lieu de le rendre au Créateur;..."[16]

---

[15]*Traité de la véritable religion contre les athées, les déistes, les païens, les juifs, les mahométans et toutes les fausses religions*, Paris, Chez Hippolyte-Louis Guerin, 1737, T. IV, pp. 1-2.
[16]Abbé Hespelle, *La seule véritable religion démontrée contre les athées, les déistes et tous les sectaires*, Paris, Chez Hérissant, 1774, T. II, p. 3.

Nous voyons clairement notre ce que nous expliquons démontré ici: d'abord, la confusion, déjà mentionnée, entre d'autres religions et l'athéisme (le concept étymologique du paganisme se référant à la foi des paysans, donc à la persistance des anciens mythes gréco-romains - comme l'éclairent, d'autre part, les paragraphes suivants du livre -); deuxièmement, l'identification entre l'absence de religion et le paganisme, qui, en réalité, ne l'est pas. En d'autres termes, une grande partie de la littérature religieuse sur la question de la foi n'aborde pas correctement la question de l'existence de Dieu. Ce qui est logique, puisque tardivement, avec les Lumières, qu'elle a commencé à se poser comme un problème philosophique et moral et, plus tard (au XIXème siècle), comme un problème politique.

Ainsi, l'Abbé Hespelle utilise les mêmes termes que le *Traitté de religion contre les athées, les déistes et les nouveaux Pyrrhoniens* pour définir le paganisme, non seulement comme une perte du culte de Dieu, mais aussi pour l'identifier avec le processus d'impiété se généralisant (à l'époque de l'Empire romain):

"L'idolâtrie rendoit à la Créature le culte que le Créateur s'étoit réfervé; Dieu n'étoit plus connu ni glorifié, & l'homme ne fe connoiffoit plus lui-même; il fe forgeoit autant de Divinités qu'il avoit de maux à craindre, de biens à efpérer, ou de vices à canonifer. A quels excès ne s'eft-il pas porté? La mort d'une personne chere, l'érigeoit bientôt en Divinité; l'amour conjugal se fit des Dieux; l'amour impur l'imita, & voulut avoir fes Autels; l'époufe & l'amante, l'époux & l'amant criminels eurent des Temples, des Prêtres & des Sacrifices.
La corruption générale (le troisième état d'impiété selon le déjà cité Traitté) adopta ce culte bizarre: tout l'Univers en fut infecté:..."[17]

"El ateísmo, tal y como lo definen Diderot y D'Alembert en su artículo de la Encyclopédie es la «opinión de aquellas personas que niegan la existencia de dios en el mundo». La simple ignorancia de dios no constituye ateísmo, así que la persona «para cargar con la horrible etiqueta de ateo, debe conocer la noción de dios y rechazarla». (Claude Yvon and Jean-Henri-Samuel Formey, "Atheisme," in Encyclopédie, ou dictionnaire raisonné des sciences, des arts et des métiers, ed. Denis Diderot and Jean le Rond D'Alembert. University of Chicago: ARTFL Encyclopédie Projet (Winter 2008 Edition), Robert Morrissey (ed),http://encyclopedie.uchicago.edu/)"[18]

La même dialectique s'exprime chez les musulmans:

"Au nom d'Allah, le Miséricordieux, le Compatissant.

---

[17]*Ibid.*, pp. 5-6.
[18]http://es.wikipedia.org/wiki/Ate%C3%ADsmo_en_la_Ilustraci%C3%B3n#cite_ref-1

Ce qui éloigne l'homme de la vérité et l'enfonce dans le marais de la dépravation, c'est le «vide idéologique».

Nous sommes témoins aujourd'hui de la destruction de forces créatrices, de personnes intelligentes, qui, inconsciemment, s'éloignent de la plus riche source de culture qu'est la religion, laissant leurs pensées périr dans le nouveau monde.

Les supposés philosophes et savants exposent à la génération assoiffée et pleine d'enthousiasme leurs doctrines imparfaites, incapables de satisfaire les besoins spirituels et les aspirations de l'humanité.

Évidemment, aucun esprit vivant et actif ne peut accepter ces doctrines.

Sans aucun doute, l'injustice et la misère proviennent de la contradiction entre le monde et la vie de l'homme. Mais nous pensons que l'Islam et le monothéisme, qui contiennent des analyses philosophiques et scientifiques approfondies et sérieuses sur la vie de l'homme, sont capables d'éliminer cette contradiction et de conduire les hommes vers un avenir clair.

Cependant, tout système idéologique, même avec des fondements éternels, doit être exposé à nouveau, à chaque nouvelle génération, selon les critères de l'époque. Cette tâche incombe à chaque penseur musulman engagé."[19]

L'identification immédiate de l'athéisme avec un vide idéologique est trop rapide pour être exacte.

D'autre part, elle suppose, comme les textes précités, que l'absence ou l'éloignement de la foi (religieuse, puisque l'on peut avoir foi en beaucoup de choses de différentes natures) sont des phénomènes de perversion du sentiment religieux. Par conséquent, le système de croyance dans lequel se reconnaît l'écrivain est la prémisse de toute pensée. Si nous reconnaissons bien volontiers que le sentiment animiste est indubitablement naturel dans tous les êtres, les élaborations religieuses ultérieures sont loin d'être innées. Raison pour laquelle elles sont si diverses. En d'autres termes, si aujourd'hui vous pouvez prier Jésus, Yahvé, Jéhovah, Mohammed, Bouddha, etc., ce qui montre la diversité des religions (même avec tout et leurs similitudes), nous avons tous la même peur naturelle, donc universelle, au bruit du tonnerre quand il nous surprend.

Enfin, elle impose une dérivation curieuse, propre au discours religieux, de l'idée, correcte sociologiquement (nous renvoyons à Émile Durkheim et son livre sur *Le Suicide*, 1897) que l'éloignement des hommes de la foi, même ayant des raisons diachroniques et historiques, se renforce par les problèmes concrets qu'ils rencontrent, à l'idée que ces problèmes seraient résolus en retournant à Dieu. Premièrement, nous ne connaissons aucune société religieuse plus ou moins heureuse qu'une société athée. Tout

---

[19]http://www.islamopedia.fr/pages/fitna/refutation-atheisme.html

dépend du niveau de vie, question économique, comme le reconnaissent les penseurs religieux eux-mêmes, et non théologique. Deuxièmement, il n'a jamais été prouvé que les sociétés religieuses soient moins pauvres que les sociétés athées. En fait, dans le monde contemporain, même avec la crise actuelle, les pays européens les plus athées (la France et l'Allemagne) sont plus riches et plus puissants que les pays du Tiers-Monde extrêmement religieux.

2. Dieu et ses attributs

L'Abbé Hespelle, en insistant sur la caractéristique de la foi qu'il nomme *"païenne"* et correspond, en quelque sorte, par opposition, aux religions organisées (dont traite son livre: la chinoise, la judaïque, la musulmanne), nous éclaire sur plusieurs éléments points:

1. Que, comme nous l'avons dit, quand on discute de Dieu, on discute souvent plus de la foi particulière que sur l'existence de Dieu, c'est-à-dire sur la validité des autres cultes, que sur l'essence de l'Être supérieur auquel nous vouons un culte. Nous l'avons vu dans tous les livres cités jusqu'ici.

2. Que les attributs de Dieu seraient ce qui devrait le définir (s'il est juste ou non, etc.).

3. Qu'en considérant la justice ou l'injustice des dieux *"païens"* (c'est-à-dire, en l'occurrence, les Gréco-Romains), Hespelle nous offre l'opportunité de réfléchir sur notre propre Dieu, comme nous le verrons plus loin.

"Si l'Histoire ne vérifioit ce qu'on dit du Paganifme, on ne pourroit fe perfuader qu'il y eut eu des hommes affez aveugles pour reconnoître Jupiter, qui étoit inceftueux, adultere, féducteur, parricide, pour le plus grand des Dieux; Junon, qui avoit toutes les qualités qui caractérifent les femmes mechantes, pour la Reine des Cieux; pour offrir de l'encens à Mars, qui étoit colere, violent & emporté; à Venus, qui étoit l'objet des vœux & des adorations des courtisannes, & la plus grande protectrice de la proftitution; à la brutale Diane qu'on honoroit par des victimes humaines. Tout étranger qui avoit le malheur de mettre le pied dans la Tauride, étoit conduit & immolé sur fes Autels. Les autres Divinités ne valoient pas mieux: Lucien rapporte tous leurs beaux faits. A toutes ces Divinités, on pourroit ajouter celles des Egyptiens, des Phéniciens, des Babyloniens, &c."[20]

---

[20]Hespelle, pp. 3-4.

On voit, en passant, comment, une fois de plus, l'accumulation de références à des religions qui n'ont rien à voir l'une avec l'autre, implique que le paganisme est un culte non révélé, comme dit l'Abbé Hespelle, "*aux Créatures*".

Il semble approprié de rappeler que si Jupiter était incestueux, adultère, séducteur et parricide, la *Bible* nous offre en David l'oint, quand il était séducteur et fit pour satisfaire son esprit pécheur avec le mari de Bethsabée de même que Jupiter avec Amphitrion. De même, la *Bible* montre le sacrifice d'Abraham, pour peu assassin de son propre fils. Et fait de Caïn, meurtrier de son frère, le père d'une bonne partie de l'humanité.

Les fils de Noé, progéniteurs de la nouvelle race après le Déluge, sont également en première instance irrespectueux de leur père, et celui-ci porté sur le vin au point de se saoûler et de se pouvoir se laisser publiquement humilier.

À son tour, Loth, ivre, se couche avec ses filles. Juda (*Genèse*, 38, 15-16) avec sa belle-soeur; ce dernier recommandant, en outre, à Onan (*Genèse*, 38: 8-10) d'avoir des relations sexuelles avec sa propre belle-sœur.

Par irritation, de nouveau, Caïn tue son frère. Élisée (*2 Rois*, 2, 23-24) provoque, par exaspération aussi, la mort de quarante-deux garçons, au nom du Seigneur. Bien que sans colère, David donne à Saül les prépuces de deux cents Philistins qu'il a tués pour répondre à la demande du roi et devenir ainsi son gendre (*Samuel*, 18, 25-27).

À l'inverse, nous pouvons citer le souci de Laocoon de sauver ses enfants. Ou la moralité de la punition infligée par Bacchus à Thésée lorsqu'il abandonne Ariane.

Ainsi nous voyons comment les attributs donnés à Dieu, par opposition, ne sont pas très utiles pour le comprendre non plus, puisqu'ils sont situés, nous l'avons dit, plusieurs fois, dans un système préétabli, logiquement sans doute en lui-même, mais non absolu, puisqu'aucun système, nous le savons déjà (ni l'euclidien), ne fonctionne de manière parfaite hors de soi-même, en toutes circonstances.

Essayons de clarifier notre point de vue, en citant la *Critique de la raison pure* (1781-1787, "*I. Théorie transcendantale des éléments*", "*Deuxième partie: Logique transcendantale*", "*Deuxième division: Dialectique transcendantale*", "*Livre deuxième: Des raisonnements dialectiques de la raison*" "*Chapitre III. Idéal de la raison pure. Quatrième Section. De l'Impossibilité d'une preuve ontologique de l'existence de Dieu*") de Kant:

"*Si dans un jugement identique je supprime le prédicat et conserve le sujet, il en résulte une contradiction, et c'est pourquoi je dis que celui-là convient nécessairement à celui-ci. Mais si je supprime à la fois le sujet et le prédicat, il n'en résulte pas de contradiction; car il n'y a plus n'en avec quoi il puisse y avoir contradiction. Il est contradictoire de poser un triangle et d'en supprimer les trois angles, mais il n'y a nulle contradiction à supprimer en même temps le triangle et ses trois angles. Il en est exactement de même du concept d'un être absolument nécessaire. Si vous en supprimez l'existence, vous supprimez la chose même avec tous ses prédicats; d'où peut venir alors la contradiction? Il n'y a rien extérieurement avec quoi il puisse y avoir contradiction, puisque la chose ne peut être extérieurement nécessaire; et il n'y a rien non plus intérieurement, puisqu'en supprimant la chose même, vous avez en même temps supprimé tout ce qui est intérieur. Dieu est tout-puissant; c'est là un jugement nécessaire. La toute-puissance ne peut être supprimée, dès que vous posez une divinité, c'est-à-dire un être infini avec le concept duquel cet attribut est identique. Mais si vous dites: Dieu n'est pas, alors ni la toute-puissance, ni aucun autre de ses prédicats n'est donné; car ils sont tous supprimés avec le sujet, et dans cette pensée il n'y a pas la moindre contradiction.*"[21]

3. De l'omnipotence de Dieu comme «*jugement nécessaire*»

Comme souvent dans l'esprit humain, la question de l'existence de Dieu serait risible, si elle ne conduisait pas à de sérieuses préoccupations.

De fait, qui se pose la question de l'existence du Croque-mitaine ou de l'ami secret, des fées et des elfes? Ne serait-il pas illogique, drôle, comique ou suspect de démence que quelqu'un soulève sérieusement ces préoccupations, surtout s'il était adulte (car pour un enfant, nous attribuons ce questionnement à son innocence)?

La propre histoire de l'humanité, parsemée de toutes parts, dans le meilleur des cas, d'injustice, de famine et de misère, et, au pire, de meurtres, de guerres, de tortures, ne laisse aucun doute sur le fait qu'un Dieu ou un être supérieur s'intéresse profondément à nous.

Chaque société considère comme donné qu'existent ou pas certaines formes invisibles ou non directement perceptibles. Mais nous considérerons

---

[21] Emmanuel Kant, *Critique de la raison pure*, trad. de Jules Barni, Paris, Germer-Baillière, 1869, T. II, pp. 187-188.

sérieusement comme un fait important à signaler de la sensibilité des pierres l'animisme qui insuffle même en elles, pourtant en de nombreuses sociétés, sentiments et idées.

Il ne fait aucun doute que nos animaux de compagnie sont, dans une certaine mesure, nos totems, l'ont toujours très bien décrits depuis le XIXème siècle, comme par hasard en se basant sur la physiognomonie, les caricaturistes, lorsqu'ils associent visuellement l'apparence de la mascotte avec celle de son propriétaire. Il est, en ce sens, certain que pour les amis des chats il nous sera facile de toujours leur trouver un trait de divinité et de mystère. Mais cela signifie-t-il que les chats, ou les vaches, sont des dieux?

La propre histoire des religions, qui nous montre comment des millions d'objets qui nous entourent en viennent à être prises pour des entités animistes, pour ensuite contenir cette infinité, trop vaste pour l'esprit humain, en dieux primaires et secondaires, ce que reproduisent les hiérarchies sémitiques et chrétiennes des anges et des démons, dieux qui, bien que pas complètement (pour preuve ces hiérarchies), se sont réduits à quelques-uns, et même à un seul, qui absorba en lui tous les attributs des autres (le tonnerre de Zeus, le vin de Dionysos, le blé de Cybèle, l'amour de Vénus, les ailes d'Hermès, etc.).

D'autre part, si l'histoire des religions nous fournit une généalogie des mythes humains, de l'animisme (où chaque objet est imbu d'existence et de pouvoirs) jusqu'aux religions élaborées (se rencontrant de remarquables caractéristiques animistes dans les contes de fées, comme l'a étudié Pierre Saintyves, en tant que dérivations de l'animisme planétaire dans les légendes isolées comme dans les religions élaborées, ce qu'étudièrent Charles-François Dupuis, et après lui F. Max Müller, J.-G. Frazer et Georges Dumézil), les attributs en soi de la divinité nous indiquent ses caractéristiques improbables.

Du plus simple au plus complexe: d'une part, la *Bible* elle-même nous explique comment, dans le *Nouveau Testament*, nous avons été sauvés du Péché originel de l'*Ancien Testament*, qui l'ouvre. Cependant, ce salut, et par conséquent, la Rédemption, qui implique une nouvelle alliance, n'a pas empêché, à notre connaissance, ni l'Inquisition, ni l'élimination des peuples indigènes, ni les guerres sanglantes, ni le nazisme, ni le fascisme, ni le stalinisme, ni les génocides ethniques, tous postérieurs à cette Salvation.

Ni la date fixée par la personne divine elle-même de son retour n'a été respectée. Nous connaissons lesdites Peurs de l'An Mille, et nous vivons encore celles du Deux Mille. Rien n'est arrivé. Il nous est donc demandé de lire métaphoriquement certaines parties de la *Bible*, sans que les mêmes exégètes s'accordent sur les parties (voir par exemple le cas de l'origine humaine, où certains acceptent le principe de l'évolution, considérant par conséquent les figures d'Adam et d'Ève symboliques, tandis que d'autres sont des créationnistes féroces), tandis que d'autres (l'interdiction de l'homosexualité, et pour les juifs de la consommation de porc, les normes en général les plus extravagantes et celles en synthèse liées à la sexualité et aux activités rituelles) devraient être prises au pied de la lettre.

D'autre part, l'ensemble de la *Bible*, c'est-à-dire les trois grandes religions monothéistes actuelles (le *Coran* dérivant directement des récits bibliques), évoque des temps de perdition équivoques et instables. La *Genèse* contient quatre grands malheurs: le Péché originel, le meurtre d'Abel par son frère, le Déluge, la Tour de Babel. L'*Exode* celui de la persécution du peuple d'Israël par Pharaon. David a péché et tous les prophètes ont annoncé des temps de repentance et de disgrâce pour les pécheurs de leurs époques respectives.

C'est un principe fondamental de la propre religion, quelle qu'elle soit, de nous inviter à réfléchir pour nous racheter des instincts terrestres.

Par conséquent, nous pouvons en déduire que les temps n'ont jamais été de prospérité ni de justice pour la majorité, et que les humains furent toujours idolâtres, injustes, partiaux et sectaires. De là provient la deuxième déduction: l'évocation de *la nécessité de temps meilleurs* ne repose pas tant sur leur arrivée, mais sur la constatation de la mauvaise vie et de l'attitude des hommes et des femmes. La troisième, qui peut conclure ce groupe, est la suivante: si les hommes se portèrent toujours mal, s'ils furent créés à l'image de Dieu, et si Dieu, qui est tout-puissant, a permis que cela continue à se produire encore et encore, malgré toutes les punitions et les inondations qu'il a envoyé à l'humanité, nous nous reste à comprendre:

a. Ou que Dieu, le Bon, n'a aucun pouvoir, donc il n'est pas Dieu, mais celui qui a le pouvoir est le Diable, qui, par conséquent, est Dieu (ce qui nous laisse penser que nous avons été créés à l'image de ce dernier).

b. Ou que Dieu, s'il laisse le Diable nous tenter pour prouver que, comme Job ou son propre fils, le Christ, malgré toutes les souffrances, nous continuerons à le louer, serait un père avec un très défini syndrome de Münchhausen par procuration.

c. Ou que, comme les dieux grecs, qui ont souffert, selon ce que racontent leurs mythes (nous pensons à leurs amours, ou aux histoires d'Ulysse ou d'Œdipe), de la même jalousie et des mêmes sentiments bas que les humains (ce qui est logique, si nous supposons que nous fûmes créé, de nouveau, à l'image de Dieu), que Dieu est le mauvais, ou, au moins, qu'il aime le chaos.

Évidemment, une autre option consiste à supposer, simplement, que si tout va mal, c'est parce qu'il n'y a pas de Dieu, et que la société humaine est un hasard de la génétique, comme n'importe quelle autre société animale.

4. La religion et le pouvoir

Il est étonnant de voir comment la religion s'est toujours déclarée ennemie de la science et de son développement, depuis l'interdiction de la traduction de la *Bible* jusqu'à l'anti-darwinisme, en passant par le procès de Galilée.

Il est donc évident que le problème de la religion, souvent, plus que celui de Dieu (c'est-à-dire de la relation avec Dieu), de manière identique à la façon dont, dans le domaine laïc, se définit la sociologie de l'art (qui étudie non les manifestations, mais leur diffusion et leur réception, en supposant que les oeuvres n'existent pas avant que ces deux phénomènes, pourtant postérieurs à l'élaboration de celles-ci dans l'esprit individuel de l'artiste), est celui de l'obéissance à des règles imposées au-delà de Dieu par des groupuscules hiérarchisés, qui forment les religions, dont le nom révèle, par son étymologie (Lactance, *Institutions divines*, 4: "*Hoc vinculo pietatis obstricti Deo et religati sumus, unde ipsa Religio nomen accepit, non ut Cicero interpretatus est, a relegendo*" - bien que, postérieurement, Cicéron, *De natura deorum*, II, déclare: "*Qui autem omnia quae ad cultum deorum pertinerent diligenter retractarent et tamquam relegerent [...] sunt dicti religiosi ex relegendo*" -), ce sens d'interconnexion entre ses membres.

On sait que l'interdiction du mariage des prêtres ou l'invention tardive du Purgatoire[22] sont elles-mêmes les expressions de l'ordre papal sur le clergé. Cependant, bien que prédicateur individuel, qui crie dans son microphone au coin du marché, ou le gouvernement (comme l'actuel sandiniste au Nicaragua, qui réutilise les symboles religieux et les formules, telles que les concepts associés de la paix et de la réconciliation, voir, parlant du christianisme, les "*piadosos abrazos de paz y reconciliación*"[23] invoqués par Salvador Costanzo, 1857, ainsi que: "*Decía Juan-Pablo II en el mensaje para la jornada de la paz del 98: "El corazón del mensaje evangélico es Cristo, paz y reconciliación para todos.""*[24], ou la citation de Luis de Beckeford[25] de Johannes Baptist Alzog[26], ou encore le concept de "*paz y reconciliación*"[27], cité deux fois par Juan Manuel Granados Rojas, 2008, précisément en référence à chacun de ces passages dans chacune des deux pages - évidemment, dans le gouvernement sandiniste, comme dans d'autres exemples d'Amérique latine que nous avons trouvé en cherchant ces mots sur internet, le concept de paix et de réconciliation, de morale, devient politique, renvoyant aux années antérieures de guerre et aux bandes opposées entre frères nicaraguayens -), si le prédicateur ou le gouvernement parle pour Dieu, il faut se souvenir que personne, vraiment, ne l'a jamais vu, et les quelques rares qui ainsi l'ont

---

[22]Jacques Le Goff, *La naissance du Purgatoire*, Paris, Gallimard, 1981.
[23]Salvador Costanzo, *Historia Universal, desde los tiempos más remotos hasta nuestros días*, Madrid, Mellado, 1857, T. II, p. 19.
[24]Cité dans Rafael Prieto Ramiro, *La A con la B, la B con la A: ABBA Adviento y Navidad*, Madrid, Cáritas Española, 1998, p. 147.
[25]Luis de Beckeford, *Algunas palabras de paz y reconciliación*, Weissemb, 1840-1841, p. 458.
[26]Johannes Baptist Alzog, *Historia universal de la iglesia*, Barcelone, Librería Religiosa, 1858, Vol. 4.
[27]Juan Manuel Granados Rojas, *La reconciliación en la Carta a los Efesios y en la Carta a los Colosenses: estudio exegético de Ef. 2, 14-16 y Col. 1, 20.21-23*, Rome, Editrice Pontificio Istituto Biblico EPIB, 2008, pp. 7 et 102.

prétendu (Moïse, Mohammed) sont peu nombreux et leur vision est sujette à la croyance que nous voulons y mettre.

Cependant, cette parole en substitution de Dieu favorise les obligations religieuses les plus extravagantes (comme dans le cas civil de l'agenouillement devant le chapeau de l'envahisseur pour Guillaume Tell), telles que se conformer à des normes rarement compréhensibles raisonnablement (c'est-à-dire, non seulement par la raison humaine, mais par le *sens commun*), ce sont les cas des scarifications des peuples primitifs, ou des rituels de sang des peuples précolombiens, tellement loués par ailleurs par les discours latinoaméricanistes pour leur sagesse. Le vin de messe, on le sait déjà, n'est qu'une représentation symbolique, comme l'exprime la liturgie chrétienne elle-même, de ce sang répandu, qui représente la récurrence des rituels liés au sang dans le monde antique, comme preuve de cela nous avons dans l'*Ancien Testament* le sacrifice d'Isaac par Abraham.

Mais la revendication, malgré tout peu crédible et pourtant si répandue, que certains ont une ligne directe, pour ainsi dire, avec Dieu lui-même a fait que la question morale passe non pas directement de l'homme à l'homme, mais, curieusement, par une tierce personne, absente, et dont l'existence crée le doute, qui est précisément ce Dieu potentiel. Autrement dit, il nous semble impossible qu'il puisse y avoir une morale sans lui. Toute notre belle construction mentale tomberait si, soudainement, un tel fantôme arrêtait d'exister. Ce n'est pas nous qui le disons pas, mais deux des plus grands philosophes du XXème siècle. D'abord Sartre dans *L'existentialisme est un humanisme* (1946), qui tente de s'excuser devant nous et de valider pour lui et le lecteur la possibilité d'une morale sans Dieu, comme il l'exprime dès le début de son court texte:

"On nous a reproché, d'autre part, de souligner l'ignominie humaine, de montrer partout le sordide, le louche, le visqueux, et de négliger un certain nombre de beautés riantes, le côté lumineux de la nature humaine; par exemple, selon Mlle Mercier, critique catholique, d'avoir oublié le sourire de l'enfant. Les uns et les autres nous reprochent d'avoir manqué à la solidarité humaine, de considérer que l'homme est isolé, en grande partie d'ailleurs parce que nous partons, disent les communistes, de la subjectivité pure, c'est-à-dire du je pense cartésien, c'est-à-dire encore du moment où l'homme s'atteint dans sa solitude, ce qui nous rendrait incapables par la suite de retourner à la solidarité avec les hommes qui sont hors de moi et que je ne peux pas atteindre dans le cogito.

Et du côté chrétien, on nous reproche de nier la réalité et le sérieux des entreprises humaines, puisque si nous supprimons les commandements de Dieu et les valeurs inscrites dans l'éternité, il ne reste plus que la stricte gratuité, chacun pouvant faire ce qu'il veut, et étant incapable de son point de vue de condamner les points de vue et les actes des autres.

C'est à ces différents reproches que je cherche à répondre aujourd'hui; c'est pourquoi j'ai intitulé ce petit exposé: L'existentialisme est un humanisme. Beaucoup pourront s'étonner de ce qu'on parle ici d'humanisme. Nous essaierons de voir dans quel sens nous l'entendons. En tout cas, ce que nous pouvons dire dès le début, c'est que nous entendons par existentialisme une doctrine qui rend la vie humaine possible et qui, par ailleurs, déclare que toute vérité et toute action impliquent un milieu et une subjectivité humaine. Le reproche essentiel qu'on nous fait, on le sait, c'est de mettre l'accent sur le mauvais côté de la vie humaine. Une dame dont on m'a parlé récemment, lorsque par nervosité, elle lâche un mot vulgaire, déclare en s'excusant: "Je crois que je deviens existentialiste." Par conséquent, on assimile laideur à existentialisme; c'est pourquoi on déclare que nous sommes naturalistes; et si nous le sommes, on peut s'étonner que nous effrayions, que nous scandalisions beaucoup plus que le naturalisme proprement dit n'effraye et n'indigne aujourd'hui. Tel qui encaisse parfaitement un roman de Zola, comme La Terre, est écœuré dès qu'il lit un roman existentialiste; tel qui utilise la sagesse des nations - qui est fort triste - nous trouve plus triste encore. Pourtant, quoi de plus désabusé que de dire, "charité bien ordonnée commence par soi-même", ou encore "oignez vilain il vous poindra, poignez vilain il vous oindra"? On connaît les lieux communs qu'on peut utiliser à ce sujet et qui montrent toujours la même chose: il ne faut pas lutter contre les pouvoirs établis, il ne faut pas lutter contre la force, il ne faut pas entreprendre au-dessus de sa condition, toute action qui ne s'insère pas dans une tradition est un romantisme, toute tentative qui ne s'appuie pas sur une expérience éprouvée est vouée à l'échec; et l'expérience montre que les hommes vont toujours vers le bas, qu'il faut des corps solides pour les tenir, sinon c'est l'anarchie. Ce sont cependant les gens qui rabâchent ces tristes proverbes, les gens qui disent: comme c'est humain, chaque fois qu'on leur montre un acte plus ou moins répugnant, les gens qui se repaissent des chansons réalistes, ce sont ces gens-là qui reprochent à l'existentialisme d'être trop sombre, et au point que je me demande s'ils ne lui font pas grief, non de son pessimisme, mais bien plutôt de son optimisme. Est-ce qu'au fond, ce qui fait peur, dans la doctrine que je vais essayer de vous exposer, ce n'est pas le fait qu'elle laisse une possibilité de choix à l'homme? Pour le savoir, il faut que nous revoyions la question sur un plan strictement philosophique. Qu'est-ce qu'on appelle existentialisme?"[28]

Notons que sa démonstration dépasse la simple opposition ou réponse, c'est une véritable intention de *justifier la position éthique de la prémisse de l'absence de Dieu*, c'est-à-dire, une fois de plus, la question de la religion (pas celle de la relation personnelle avec le divin, mais celle de la bonne conduite, *basée sur les normes sociales, émises à partir d'ici*) est ce qui définit la qualité ou non de la position éthique:

"Lorsque nous concevons un Dieu créateur, ce Dieu est assimilé la plupart du temps à un artisan supérieur; et quelle que soit la doctrine que nous considérions, qu'il s'agisse d'une doctrine comme celle de Descartes ou de la doctrine de Leibniz, nous admettons toujours que la volonté suit plus ou moins l'entendement ou, tout au moins, l'accompagne, et que Dieu, lorsqu'il crée, sait précisément ce qu'il crée. Ainsi, le concept d'homme, dans l'esprit de Dieu, est assimilable

---

[28] http://prepagrandnoumea.net/hec2015/TEXTES/SARTRE%20L%20existentialisme%20est%20un%20humanisme.pdf, s/n (p. 1).

au concept de coupe-papier dans l'esprit de l'industriel, et Dieu produit l'homme suivant des techniques et une conception, exactement comme l'artisan fabrique un coupe-papier suivant une définition et une technique. Ainsi l'homme individuel réalise un certain concept qui est dans l'entendement divin. Au XVIIIe siècle, dans l'athéisme des philosophes, la notion de Dieu est supprimée, mais non pas pour autant l'idée que l'essence précède l'existence. Cette idée, nous la retrouvons un peu partout: nous la retrouvons chez Diderot, chez Voltaire, et même chez Kant. L'homme est possesseur d'une nature humaine; cette nature humaine, qui est le concept humain, se retrouve chez tous les hommes, ce qui signifie que chaque homme est un exemple particulier d'un concept universel, l'homme; chez Kant, il résulte de cette universalité que l'homme des bois, l'homme de la nature, comme le bourgeois sont astreints à la même définition et possèdent les mêmes qualités de base. Ainsi, là encore, l'essence d'homme précède cette existence historique que nous rencontrons dans la nature.

L'existentialisme athée, que je représente, est plus cohérent. Il déclare que si Dieu n'existe pas, il y a au moins un être chez qui l'existence précède l'essence, un être qui existe avant de pouvoir être défini par aucun concept et que cet être c'est l'homme ou, comme dit Heidegger, la réalité humaine. Qu'est-ce que signifie ici que l'existence précède l'essence? Cela signifie que l'homme existe d'abord, se rencontre, surgit dans le monde, et qu'il se définit après. L'homme, tel que le conçoit l'existentialiste, s'il n'est pas définissable, c'est qu'il n'est d'abord rien. Il ne sera qu'ensuite, et il sera tel qu'il se sera fait. Ainsi, il n'y a pas de nature humaine, puisqu'il n'y a pas de Dieu pour la concevoir. L'homme est non seulement tel qu'il se conçoit, mais tel qu'il se veut, et comme il se conçoit après l'existence, comme il se veut après cet élan vers l'existence, l'homme n'est rien d'autre que ce qu'il se fait. Tel est le premier principe de l'existentialisme. C'est aussi ce qu'on appelle la subjectivité, et que l'on nous reproche sous ce nom même. Mais que voulons-nous dire par là, sinon que l'homme a une plus grande dignité que la pierre ou que la table? Car nous voulons dire que l'homme existe d'abord, c'est-à-dire que l'homme est d'abord ce qui se jette vers un avenir, et ce qui est conscient de se projeter dans l'avenir. L'homme est d'abord un projet qui se vit subjectivement, au lieu d'être une mousse, une pourriture ou un chou-fleur; rien n'existe préalablement à ce projet; rien n'est au ciel intelligible, et l'homme sera d'abord ce qu'il aura projeté d'être. Non pas ce qu'il voudra être. Car ce que nous entendons ordinairement par vouloir, c'est une décision consciente, et qui est pour la plupart d'entre nous postérieure à ce qu'il s'est fait lui-même. Je peux vouloir adhérer à un parti, écrire un livre, me marier, tout cela n'est qu'une manifestation d'un choix plus originel, plus spontané que ce qu'on appelle volonté. Mais si vraiment l'existence précède l'essence, l'homme est responsable de ce qu'il est. Ainsi, la première démarche de l'existentialisme est de mettre tout homme en possession de ce qu'il est et de faire reposer sur lui la responsabilité totale de son existence. Et, quand nous disons que l'homme est responsable de lui-même, nous ne voulons pas dire que l'homme est responsable de sa stricte individualité, mais qu'il est responsable de tous les hommes. Il y a deux sens au mot subjectivisme, et nos adversaires jouent sur ces deux sens. Subjectivisme veut dire d'une part choix du sujet individuel par lui-même, et, d'autre part, impossibilité pour l'homme de dépasser la subjectivité humaine. C'est le second sens qui est le sens profond de l'existentialisme. Quand nous disons que l'homme se choisit, nous entendons que chacun d'entre nous se choisit, mais par là nous voulons dire aussi qu'en se choisissant il choisit tous les hommes. En effet, il n'est pas un de nos actes qui, en créant l'homme que nous voulons être, ne crée en même temps une image de l'homme tel que nous estimons qu'il doit être. Choisir d'être ceci ou cela, c'est affirmer en même temps la valeur de ce que nous choisissons, car nous ne pouvons jamais choisir le mal; ce que nous choisissons, c'est toujours le bien, et rien ne peut être bon pour nous sans l'être pour tous. Si l'existence, d'autre part, précède l'essence et que nous voulions exister en même temps que nous façonnons notre image, cette image est valable pour tous et pour notre époque tout entière. Ainsi, notre responsabilité est beaucoup plus grande que nous ne pourrions le supposer, car elle engage l'humanité entière. Si je suis ouvrier, et si je choisis d'adhérer à un syndicat chrétien plutôt que d'être communiste, si, par cette adhésion, je veux indiquer que la résignation est au fond la solution qui convient à l'homme, que le royaume de l'homme n'est pas sur la terre, je n'engage pas seulement mon cas: je veux être résigné pour tous, par conséquent ma *démarche a engagé l'humanité tout entière. Et si je veux, fait plus individuel, me marier, avoir des enfants, même si ce mariage dépend uniquement de ma situation, ou de ma passion, ou de mon désir, par là j'engage non seulement moi-même, mais l'humanité tout entière sur la voie de la monogamie. Ainsi je suis responsable pour moi-même et pour tous, et je crée une certaine image de l'homme que je choisis; en me choisissant, je choisis l'homme.*"[29]

Et, en effet, Heidegger (*Lettre sur l'Humanisme*, de la même année 1946), nommé directement par Sartre, ne se trompait pas, au moins en ce sens, en répondant au texte:

"*Vous demandez: Comment redonner un sens au mot «Humanisme»? Cette question dénote l'intention de maintenir le mot lui-même. Je me demande si c'est nécessaire. Le malheur qu'entraînent les étiquettes de ce genre n'est-il pas encore assez manifeste? On se méfie certes depuis longtemps des «...ismes». Mais le marché de l'opinion publique en réclame sans cesse de nouveaux. Et l'on est toujours prêt à couvrir cette demande. Les termes tels que «logique», «éthique», «physique» n'apparaissent eux-mêmes qu'au moment où la pensée originelle est sur son déclin. Dans leur grande époque, les Grecs ont pensé sans de telles étiquettes. Ils n'appelaient pas même «philosophie» la pensée. Celle-ci est sur son déclin, quand elle s'écarte de son élément. L'élément est ce à partir de quoi la pensée peut être une pensée. L'élément est proprement ce-qui-a-pouvoir: le pouvoir. Il prend charge de la pensée et ainsi l'amène à son essence. En un mot, la pensée est la pensée de l'Être. Le génitif a un double sens. La pensée est de l'Être, en tant qu'advenue par l'Être, elle appartient à l'Être. La pensée est en même temps pensée de l'Être, en tant qu'appartenant à 'Être, elle est à l'écoute de l'Être. La pensée est ce qu'elle est selon sa provenance essentielle, en tant qu'appartenant à l'Être, elle est à l'écoute de l'Être. La pensée est — cela signifie: l'Être a, selon sa destination, chaque fois pris charge de son essence. Prendre charge d'une « chose » ou d'une « per-sonne » dans leur essence, c'est les aimer: les désirer. Ce désir signifie, si on le pense plus originellement: don de l'essence. Un tel désir est l'essence propre du pouvoir qui peut non seulement réaliser ceci ou cela, mais encore faire «se déployer» quelque chose dans sa provenance, c'est-à-dire faire être. Le pouvoir du désir est cela «grâce» à quoi quelque chose à proprement pouvoir d'être. Ce pouvoir est proprement le «possible», cela dont l'essence repose dans le désir. De par ce désir, l'Être peut la pensée. Il la rend possible.*"[30]

"*Tout humanisme se fonde sur une métaphysique ou s'en fait lui-même le fondement. Toute détermination de l'essence de l'homme qui présuppose déjà, qu'elle le sache ou non, l'interprétation de l'étant sans poser la question portant sur la vérité de l'Être, est métaphysique. C'est pourquoi, si l'on considère la manière dont est déterminée l'essence de l'homme, le propre de toute métaphysique se révèle en ce qu'elle est «humaniste». De la même façon, tout humanisme, reste métaphysique. Non seulement l'humanisme, dans sa détermination de l'humanité de l'homme, ne pose pas la question de la relation de l'Être à l'essence de l'homme, mais il empêche même de la poser, en ne la connaissant ni ne la comprenant, pour cette raison qu'il a son origine dans la métaphysique. Inversement, la nécessité et la forme propre de cette question portant sur la vérité de l'Être, question qui est oubliée dans la métaphysique et à cause d'elle, ne peut venir au jour que si, au sein même de l'emprise de la métaphysique, on pose la question: «Qu'est-ce que la métaphysique?»*"[31]

---

[29]*Ibid.*, pp. 1-2.
[30]Martin Heidegger, *Lettre sur l'humanisme (Lettre à Jean Beaufret)*, trad. de Roger Munier, Paris, Aubier, 1970, pp. 70-71.
[31]*Ibid.*, p. 77.

"Il est vrai que la métaphysique représente l'étant dans son être et pense ainsi l'être de l'étant. Mais elle ne pense pas la différence de l'Être et de l'étant. (Cf. Vom Wesen des Grundes, 1929, p. 8; tambien Kant und das Problem der Metaphysik, 1929, p. 225, y Sein und Zeit, p. 230). La métaphysique ne pose pas la question portant sur la vérité de l'Être lui-même."[32]

Nous allons le laisserons là, le philosophe se perdant plus tard dans des discutions métaphysiques sur ce qu'est l'Être, si ce n'est Dieu:

"La métaphysique se ferme à la simple donnée essentielle, que l'homme ne se déploie dans son essence qu'en tant qu'il est revendiqué par l'Être. C'est seulement à partir de cette revendication qu'il «a» trouvé là où son essence habite. C'est seulement à partir de cet habiter qu'il «a» le langage comme l'abri qui garde à son essence le caractère extatique."[33]

"Ce que l'homme est, c'est-à-dire, dans la langue traditionnelle de la métaphysique, l'«essence» de l'homme, repose: dans son ek-sistence. Mais l'ek-sistence ainsi pensée n'est pas identique au concept traditionnel d'existentia, qui désigne la réalité en opposition à l'essentia conçue comme possibilité. On trouve dans Sein und Zeit, p. 42, cette phrase imprimée en italique: «L'"essence" de l'être-là réside dans son existence.»"[34]

Cette perversion de la sphère religieuse sur la morale révèle une inadéquation entre l'attitude éthique de la société et sa pensée réelle. Kelsen l'étudia abondamment: la loi est avant tout rétributive (non éthique, mais simplement punitive et coercitive). Pouvant ici s'appliquer ce que Durkheim dit au début de son texte sur *"Définitions du crime et fonction du châtiment"* (1893):

"Le lien de solidarité sociale auquel correspond le droit répressif est celui dont la rupture constitue le crime; nous appelons de ce nom tout acte qui, à un degré quelconque, détermine contre son auteur cette réaction caractéristique qu'on nomme la peine. Chercher quel est ce lien, c'est donc se demander qu'elle est la cause de la peine, ou, plus clairement, en quoi le crime consiste essentiellement."

Puissante invention et impression, en vérité, celle d'un Dieu qui juge nos sentiments, nos œuvres et nos paroles, et auquel nous devons nous conformer, bien que personne ne nous voit, mais qui au-delà révèle qu'il n'y a pas une telle figure, et que les actions humaines, dans leur comportement, puisqu'elles ont besoin d'une raison *non nécessairement vérifiable pour se justifier et se valider,* ne sont que le produit d'instincts vils, ce sur quoi concordent les

---

[32]*Ibid.*, p. 78.
[33]*Ibid.*, pp. 79-80.
[34]*Ibid.*, p. 81.

prophètes de la *Bible*, ainsi que le Christ lui-même (contre les pharisiens et les marchands du Temple), et Hobbes dans sa philosophie.

5. La religion, la morale et la philosophie

Il est curieux de voir comment, avant la critique de la curieuse reconnaissance du Venezuela par la F.A.O. (Food and Agriculture Organization, sur la base des données favorisées par le gouvernement vénézuélien, comme le dit le représentant de cette agence dans le programme *Conclusiones* de CNÑ: "*Reconocimiento FAO ¿Wow?*"), le président de la Corporación de Desarrollo de la Cuenca del Río Tuy Francisco de Miranda (Corpomiranda), Elías Jaua, lors d'un événement à Miranda le 22 Juin 2013, reproduit[35] sur la chaîne officialiste VTV (Venezolana de Televisión), oppose les critiques, selon lui de la droite, sur la pénurie de papier toilette dans le pays à l'esprit patriotique, qui, selon lui, doit être quelque chose d'immatériel et d'altruiste, non limité par les circonstances pratiques.

Cette opposition, curieuse, incidemment, dans la bouche d'une personne de gauche, se revendiquant (pour chaviste) de l'héritage marxiste, met clairement en évidence une idée, que nous avons mentionnée, et que nous trouvons, à un niveau plus net et sans propagande, dans la dernière nouvelle de Dostoïevski, "*Vlas*" (1877), où, essayant, comme il le fait souvent, d'interpréter l'âme russe, l'écrivain cherche un exemple dans le peuple, et ce qu'il appelle les "*deux Vlas*", une paire d'amis qui se disposent à pécher, en tirant sur une hostie, ce qui en celui qui accomplit l'acte ténébreux (encore plus pour le XIXème siècle) provoque un changement drastique, faisant de lui un vagabond portant partout une image religieuse du Christ sur sa poitrine.

Le crime, nous le voyons, n'est pas réel, mais symbolique, nous montrant comment la société humaine transforme le manque de respect pour une image inventée en quelque chose de pire qu'un assassinat réel.

---

[35]http://www.youtube.com). com / watch? v = 8p_vMZe21JU

D'autre part, la question de Dieu est ce qui régit l'obéissance dans la société civile à des normes qui ne sont pas toujours claires ou justifiées, non plus que permanentes (comme le rappelle Nabokov dans *Lolita*, 1955-1958, ce qui est aujourd'hui considéré comme de la pédophilie était normal au Moyen-Âge, comme le représentent assez tous les grands poètes amoureux de jeunes filles à peine pubères, ou les mariages traditionnels entre hommes de 35 ans et adolescentes de 15 ans, comme ce fut le cas des mécènes de Léonard pour lesquels il peignit ses quatre portraits de jeunes maîtresses[36]), comme la situation de guerre, où, plus clairement encore, on voit la problématique de la relation entre le bien pour les hommes, et le bien suprême supposé souhaité par un Dieu en réalité vraiment taciturne, mais à qui sont attribuées des volontés, de toute évidence contradictoires.

De fait, il est compréhensible, encote dans l'ère biblique des guerres et de la domination entre des civilisations de dieux différents, comme on pourrait le dire de la période mycénienne et de la fameuse guerre de Troie, que les gens puissent comprendre leur victoire ou leur défaite selon la bonté ou la légalité supérieure de leur(s) dieu(s) particulier(s) sur les autres (hommes et dieux), mais à l'époque moderne et contemporaine, où c'est le même Dieu (chrétien) qui, selon les prêtres de chaque pays, est du côté de sa région, est-ce que les perdants ne prient pas Dieu? Au XXème siècle, avec ses guerres nombreuses et funestes, en particulier, pour le monde européen, les deux Guerres Mondiales, serait-ce que les Nazis et les fascistes, quand ils gagnèrent et auraient pu exterminer une grande partie de

---

[36]"*La Dame à l'hermine est un tableau de 54 × 39 cm peint par Léonard de Vinci entre 1488 et 1490.../...*
Le tableau est peint sur du bois de noyer, provenant du même tronc d'arbre que La Belle Ferronnière.../...
La peinture est l'un des quatre portraits connus de femme peints par Léonard, les trois autres étant le portrait de la Joconde, celui de Ginevra de' Benci et celui de la Belle Ferronnière. On pense que l'œuvre représente Cecilia Gallerani, la maîtresse de Ludovic Sforza, duc de Milan. Cecilia Gallerani (1473-1536) était devenue la maîtresse de Ludovic Sforza très jeune (vers 1488-1489). Leur liaison dura jusqu'au milieu de l'année 1492, après qu'elle eut donné naissance à un fils, César. En 1490, Ludovic Sforza épousa Béatrice d'Este, qui le contraint à mettre fin à cette relation. On peut donc dater le tableau soit des années 1488-1489 avant le mariage, soit un peu plus tard, si l'on admet comme Frank Zöllner qu'il puisse s'agir d'un cadeau d'adieu de Ludovic Sforza à son ancienne maîtresse.
Nous possédons une correspondance datant de 1498 entre Cecilia Gallerani et Isabelle d'Este faisant directement référence à ce tableau. Isabelle d'Este s'adresse ainsi à Cécilia: «Ayant eu aujourd'hui l'occasion de voir quelques tableaux de Giovanni Bellini, j'ai réfléchi à l'œuvre de Léonard avec le désir de la comparer et me souvenant qu'il avait fait votre portrait d'après nature, je vous prie [...] de bien vouloir m'envoyer le portrait.»"
(https://fr.wikipedia.org/wiki/La_Dame_%C3%A0_l%27hermine#Le_mod%C3%A8le)

la population européenne, plurent à Dieu, mais qu'une fois vaincus, ils sortirent de l'antichambre de l'approbation divine?

L'existence de Dieu, en tant que question, n'a pas de sens si elle est seulement, rien de plus, un "*moteur*", qui pourrait bien avoir été une amibe, défunte depuis des millions d'années.

Pour que la question ait un sens, elle doit répondre au concept d'existence divine avec une série d'attributs:

1. La pérennité.
2. La punition et la récompense, c'est-à-dire la rétribution.
3. C'est-à-dire, une existence exprimée par des faits, des actions ou une action morale qui différencie le Bien et le Mal dans ses créatures, ce qui nous ramène au concept précédent de rétribution.

La louange au roi ou à la religion n'est, au fond, que celle du pouvoir, comme on le voit dans le cas, remarquable en ce sens, de l'Égypte ancienne. Encouragé par la mythologie collective des grandes actions mémorables et immémoriales.

Le principal exploit de Dieu (Christ aux enfers) est de vaincre la mort. Fait faux, puisque nous savons parfaitement qu'il continue d'exister. Mais cela guide la lecture et l'interprétation de ce que Dieu est comme un outil pour l'esprit humain: une tromperie qui nous permet de croire en ce que nous voulons.

Peuvent ainsi nous dominer ceux qui prétendent assumer la parole divine que nous désirons tellement quand rien ne peut nous sauver. Cet ami secret dans la main duquel nous mettons tout. Actuellement, nous voyons comment, au Nicaragua, le gouvernement ortéguiste (avec sa réutilisation des thèmes de la théologie chrétienne dans ses slogans de parti) et l'opposition (La Radio Corporación, détenue par l'ancien candidat à la présidence Fabio Gadea Mantilla, quand il proclame: "*Los cristianos debemos amarnos los unos a los otros*") parlent au nom de Dieu pour ordonner à et dans la société. C'est le même principe de l'intrusion du rabbin jusque dans le monde privé et intime de la cuisine, dans la cuisine *kascher*.

Cette procédure illogique qui, fondée sur la *nécessité obligatoire que tout l'ordre mondial est bon parce qu'il est le produit des dieux* (que nous méconnaissons), pour justifier *les élections de celui qui parle* en leur nom (sans, selon toute vraisemblance, les avoir vu *ni*, avant tout, *avoir été désigné par eux*), de sorte que, une chose provoquant l'autre, n'importe quelle position, même la plus improbable, en vient à être considérée comme le signe incontestable de la grandeur des dieux, même si elle est incompréhensible, c'est ce propose Leibniz, et précisément ce pourquoi Voltaire se moque de lui, malgré l'indéniable ingéniosité de la proposition interprétative de Leibniz (partant, comme cas d'école, d'une impossibilité pour la justifier, mais ainsi on arrive seulement à des systèmes rhétoriques, rien de plus, comme l'a bien démontré Voltaire dans *Candide ou l'Optimisme*, 1759), s'exprime magnifiquement, et ingénieusement aussi, dans la Nouvelle VIII de la Dixième Journée du *Décaméron*, par la bouche de Titus, qui vient ainsi justifier le fait que son ami lui donna, par ruse et par fourberie, sa femme légale, qui était amoureuse de Titus, et de laquelle Gisippe se défit, valorisant plus l'amitié que l'amour (ce qui, pourtant, pour beaucoup, serait un acte illogique, sauf en des temps où, comme pour Platon dans son œuvre, était plus valable l'amour entre les hommes, *mais parce qu'en ce moment-là il impliquait l'amour sexuel dans l'amitié entre les hommes*):

"- *Beaucoup de philosophes croient que ce qui se fait par les mortels est disposé et prévu par les dieux immortels, et pour ce, beaucoup veulent que ce qui arrive ou arrivera, arrive fatalement, bien qu'il y en ait d'autres qui appliquent cette fatalité à ce qui est déjà arrivé seulement. Si l'on examine avec quelque attention ces opinions diverses, on verra très apertement que blâmer une chose sur laquelle on ne peut revenir, c'est vouloir se montrer plus sage que les dieux, lesquels, nous devons le croire, nous gouvernent et disposent de nous et de nos choses avec une raison constante et sans commettre d'erreur. Pour quoi, combien sotte et bestiale est la présomption de blâmer leurs actes, vous pouvez très facilement le voir, et aussi quels châtiments méritent ceux qui, en cela, se laissent entraîner par leur audace. À mon avis, vous êtes tous de ceux-là, si ce que j'ai appris que vous avez dit et que vous dites continuellement est vrai, pour ce que Sophronie est devenue ma femme, alors que vous l'aviez donnée à Gisippe, sans prendre garde qu'il était de toute éternité disposé qu'elle ne serait pas la femme de Gisippe, mais la mienne, comme le fait le démontre présentement. Mais comme ce que l'on dit de la secrète prévision et de l'intention des dieux semble à beaucoup dur et difficile à comprendre, j'admets qu'ils ne se mêlent en rien de nos affaires, et il me plaît de m'en tenir aux raisonnements humains. En les employant, il me faudra faire deux choses très contraires à mes habitudes: l'une me louer moi-même, l'autre rabaisser quelque peu les autres. Mais pour ce que dans l'une comme dans l'autre je n'entends point me départir de la vérité, et que le sujet présent l'exige, je le ferai."*[37]

La même apologie illogique du divin est présentée dans le *"Conte du Chevalier"* des *Contes de Canterbury* de Chaucer:

"Hélas! pourquoi les gens se plaignent-ils si communément
de la providence divine, ou de la fortune,
qui souvent leur donne, en mainte façon,
beaucoup mieux qu'ils ne peuvent eux-mêmes imaginer?
Tel homme désire avoir la richesse,
et elle cause son meurtre ou sa grande maladie.
Et tel homme souhaite ardemment sortir de sa prison,
qui dans sa maison est tué par ses serviteurs.
Il est des maux infinis au bout de ces désirs;
nous ne savons quelle est la chose que nous implorons ici-bas.
Nous agissons ainsi qu'un homme gris comme une souris;
un homme ivre sait bien qu'il a une maison,
mais il ne sait pas quel est le chemin pour y aller;
et pour un homme ivre la route est glissante.
Et certes, dans ce monde, nous nous comportons ainsi;
nous recherchons ardemment le bonheur,
mais nous prenons bien souvent le mauvais chemin, en vérité."[38] (v. 1251-1267)

Mais ce discours sur la domination injuste des dieux sur les hommes est, en soi, illogique, nous l'avons dit, puisqu'en même temps, il soultient que les malheurs humains, bien qu'imcompris des hommes eux-mêmes, sont le résultat des attentions divines, les dieux sachant beaucoup mieux que nous ce qui nous convient, mais, en même temps, que les hasards de la vie dépendent non pas de ces mêmes dieux que nous venons de mentionner, mais de notre aveuglement, nous qui marchons sans but. Quelle contradictionque celle-ci, qui est, précisément, celle que la théologie n'a jamais réussi à distinguer entre libre arbitre et prédétermination.

Les propres propositions dites non occidentales, comme les bouddhistes, de l'abandon total de tout ce qui est terrestre, qui sera repris par les ascètes de la première Église, n'est rien d'autre que l'expression,

[37]Boccace, *Le Décaméron*, trad. de Francisque Reynard, Paris, G. Charpentier et Cie, 1884, pp. 582-583.
[38]*Les contes de Canterbury de Geoffroy Chaucer*, Paris, Félix Alcan, 1908, pp. 37-38.

identique, d'une dichotomie insoluble: vivre sans désir nous libère du malheur de celui-ci, cela est bien certain, et facilement vérifiable, mais, en même temps, vivre sans désirer, n'est pas non plus vivre du tout

S'il y avait quelqu'un au-dessus de nous, les choses n'iraient pas aussi mal. Mais comme les choses sont telles qu'elles sont, les mêmes plaintes répétées de tous les prophètes de la *Bible* contre le peuple et son laissez-faire moral - vont, toujours, illogiquement et religieusement, poser l'existence, intermédiaire, d'une entité, non définie car indéfinissable (comme le dit Parménide:

"*Il faut penser et dire que ce qui est; car il y a être, | il n'y a pas de non-être; voilà ce que je t'ordonne de proclamer. |45| Je te détourne de cette voie de recherche, | où les mortels qui ne savent rien | s'égarent incertains; l'impuissance de leur pensée | y conduit leur esprit errant; ils vont | sourds et aveugles, stupides et sans jugement; |50| ils croient qu'être et ne pas être est la même chose | et n'est pas la même chose; et toujours leur chemin les ramène au même point. | .....*
Jamais tu ne feras que ce qui n'est pas soit; | détourne donc ta pensée de cette voie de recherche; | que l'habitude n'entraîne pas sur ce chemin battu |55| ton œil sans but, ton oreille assourdie, | ta langue; juge par la raison de l'irréfutable condamnation | que je prononce. Il n'est plus qu'une voie pour le discours, | c'est que l'être soit; par là sont des preuves | nombreuses qu'il est inengendré et impérissable, |60| universel, unique, immobile et sans fin. | Il n'a pas été et ne sera pas; il est maintenant tout entier, | un, continu. Car quelle origine lui chercheras-tu? | D'où et dans quel sens aurait-il grandi? De ce qui n'est pas? Je ne te permets | ni de dire ni de le penser; car c'est inexprimable et inintelligible |65| que ce qui est ne soit pas. Quelle nécessité l'eût obligé | plus tôt ou plus tard à naître en commençant de rien? | Il faut qu'il soit tout à fait ou ne soit pas. | Et la force de la raison ne te laissera pas non plus, de ce qui est, | faire naître quelque autre chose. Ainsi ni la genèse |70| ni la destruction ne lui sont permises par la Justice; elle ne relâchera pas les liens | où elle le tient. [Là-dessus le jugement réside en ceci]: | Il est ou n'est pas; mais il a été décidé qu'il fallait | abandonner l'une des routes, incompréhensible et sans nom, comme sans vérité, | prendre l'autre, que l'être est véritablement. |75| Mais comment ce qui est pourrait-il être plus tard? Comment aurait-il pu devenir? | S'il est devenu, il n'est pas, pas plus que s'il doit être un jour. | Ainsi disparaissent la genèse et la mort inexplicables. | Il n'est pas non plus divisé, car il est partout semblable; | nulle part rien ne fait obstacle à sa continuité, soit plus, |80| soit moins; tout est plein de l'être, | tout est donc continu, et ce qui est touche à ce qui est. | Mais il est immobile dans les bornes de liens inéluctables, | sans commencement, sans fin, puisque la genèse et la destruction | ont été, bannies au loin. Chassées par la certitude de la vérité. |85| Il est le même, restant en même état et subsistant par lui-même; | tel il reste invariablement; la puissante nécessité | le retient et l'enserre dans les bornes de ses liens. | Il faut donc que ce qui est ne soit pas illimité; | car rien ne lui manque et alors tout lui manquerait. | ....."[39],

---

[39]Paul Tannery, *Pour l'histoire de la science hellène*, Paris, Félix Alcan, 1887, pp. 244-245.

Et le dit Moïse dans le récit de sa rencontre: "*Je suis celui qui suis.*"[40], *Exode*, 3-14). Et, d'un seul coup, cette entité, dont l'existence et le but sont complètement inconnus (le dit la théologie elle-même, comme le soutient à nouveau la *Bible*, *Romains*, 11, 33-34: "*33 O profondeur de la richesse, de la sagesse et de la science de Dieu! Que ses jugements sont insondables, et ses voies incompréhensibles! Car 34 Qui a connu la pensée du Seigneur, Ou qui a été son conseiller?*"[41]), qui, d'une part, doit nous donner la voie à suivre (bien que, comme nous venons de le rappeler, nous ne sachions pas si elle existe, ni quels sont ses objectifs), alors que, d'autre part, c'est, dans cette situation d'absolue vulnérabilité, la conformité ou le non-respect de ses souhaits qui nous rendront libres ou non.

De fait, notre liberté est conçue, initialement, comme un péché (l'original pour les trois grands monothéismes, venant les uns des autres), et comme un défi à Dieu (dont l'exemple paradigmatique est le cas de l'ange déchu, le plus beau: Lucifer).

C'est Ainsi qu'un système de fait (dans lequel on vit: de l'injustice et du châtiment des plus puissants sur les faibles) parvient à se justifier, non pas par une logique réelle ou soutenable, mais par l'inversion des termes initiaux, plus ou moins comme ceci:

1. Si l'injustice existe et qu'elle ne peut ni ne doit venir de nous (parce que ce serait accepter la faute de la société comme une organisation), mais qu'on ne peut pas non plus nier l'existence de cette triste et injuste réalité, la solution est de lui chercher une origine atemporelle: le Péché originel (dont nous sommes co-auteurs seulement par la génétique - ce qui, dans un sens bio et éthologique, n'est pas totalement faux si nous pensons que nous avons tous, et c'est pourquoi nous sommes injustes, des gènes animaux -).

2. Si cette injustice est le fait du plus fort, ce qui est logique, mais ne veut pas non plus être reconnu, il faut ajouter à l'origine mythique, une autre, liée à la première. Mais comme on ne peut pas non plus

---

[40]http://saintebible.com/exodus/3-14.htm
[41]https://www.biblestudytools.com/lsg/romains/passage/?q=romains+11:33-34

sortir de cette incertitude, l'illogisme de la prémisse sera ce qui la définira: si Dieu nous crée à son image, mais que nous avons le pouvoir de désobéir, alors, cet être tout-puissant que, soit dit en passant, l'on ne voit jamais intervenir (dans les guerres, les catastrophes, etc.), non seulement sera dit nous punissant de nos péchés quand des malheurs de plus grande envergure tomberont sur nos têtes (voir les Grandes Pestes et l'interprétation de l'époque, par exemple au début du *Décaméron*), mais, d'un coup, il oscillera entre la bonté et la colère permanente, nous refusant le droit de choisir (qui s'identifie au péché), mais nous donnant le pouvoir de pécher pour nous juger plus tard. Il ne sera pas non plus expliqué pourquoi, bien que toutes les religions, même précolombienne, parlent de plusieurs versions de l'humanité, celle qui est la nôtre, qui n'est pas non plus correcte, aura survécu si longtemps, ni pourquoi Dieu qui, sans y réfléchir à deux fois, a jeté toutes les versions antérieures ratées, nous a conservé, nous qui ne sommes pas réussis (selon ce qu'on nous en dit). Il n'est pas clarifié pourquoi (à l'exemple de Job), Dieu punit aussi le bon. Mais là aussi pour résoudre cette difficulté il y a deux routes: soit celle du faux bon, mauvais mais sans que personne ne s'en aperçoive, donc puni pour les fautes qu'il cache, soit celle de l'épreuve, Dieu aimant à faire souffrir le bon pour voir si, malgré cela, il l'aime toujours, comme s'il n'avait pas déjà assez à faire avec les méchants sans tenter les bons. C'est le mythe des Saints et de leurs tentations, dont le Moyen-Âge nous donne un exemple paradigmatique avec l'iconographie des *Tentations de Saint Antoine*, entre le XIVème et le XVIème siècles, encore importantes au XIXème siècle, comme nous le voyons chez Flaubert.

C'est à partir de la question des agissements de Dieu sur et envers nous, ridicules puisqu'ils contiennent en eux leur propre réponse, comme nous l'avons vu (si tout marche mal, c'est justement parce qu'il n'y a personne au-dessus de nous), que le théologiens et les philosophes s'appliqueront à des échantillons de maîtrise intellectuelle, essayant d'élucider l'équation insoluble entre prédestination et libre arbitre, dont Voltaire se moqua à propos de celle, pourtant astucieuse, que Leibniz lui apporta avec son "*meilleur des mondes possibles*" que Voltaire, malicieusement, réduit à une expression sans adjectif.

6. Dieu et la logique, la logique de Dieu

De la même manière que Dumézil constatait et se plaignait du fait que les religions romaines et juives étaient des simplifications et des humanisations des indienne et grecque, dont les actions, plus complexes, se produisaient entre les dieux (communauté idéologique de la pensée romaine et juive qui permet de comprendre comment et pourquoi la deuxième réussit à s'ouvrir le chemin dans le monde de la première), se produit un phénomène parallèle, qui est qu'à la version beaucoup plus organique, d'explication mythographique des actions des dieux, jaloux comme les hommes, que nous offrent les Grecs, les juifs et les chrétiens substituèrent une opposition duelle entre le Bien et le Mal, racine d'une intransigeance logique qui aura ses conséquences, aussi bien dans le discours moral, politique et économique (l'idée que s'il a des pauvres c'est parce que Dieu le veut ainsi, thème étudié par max Weber dans son *Die protestantische Ethik und der Geist des Kapitalismus*, 1904 et 1920, ce que la version post-darwinienne donnera comme la survie des plus aptes), comme dans le discours, tout simplement, logique et théologique: comment le Mal peut-il exister (ou: comment peut-Il le laisser exister?), si Dieu est entièrement bon?

On nous dira que la vie des grands personnages est communément racontée, attestant ainsi leur existence et la conservant pour la postérité.

Cependant, la véracité des Douze Césars a été remise en question, par la séquence mythologique qui les soutient (un pacifique, un guerrier) par Dumézil lui-même.

De plus, les grands hommes (comme les peintres, les sculpteurs et les architectes dont la vie a été racontée par Vasari, ou ceux du siècle de Louis XIV, évoqués par Perrault ou dans la littérature de l'époque) ne sont pas plus que cela. Ils n'ont aucune intervention divine, contrairement aux saints de *La Légende dorée*, ou aux héros antiques.

Personne n'imagine sérieusement qu'Achille, Hercule, Thésée, Œdipe, Rémus ont existé. Pourquoi seulement pour être représentés comme des humains et non des dieux, les caractères de la *Bible* devraient-ils être plus réels que ceux-ci? Personne ne suppose que le père Goriot ou Jean Valjean fussent réels. Personne ne l'implique non plus.

Quelles sont les options?
1. Le diable dirige le monde, et par conséquent, c'est Dieu. Donc, Dieu est mauvais.
2. Le diable agit en connivence avec Dieu (le cas de Job), donc Dieu est mauvais.
3. Dieu n'existe pas.

Les dieux anciens n'étaient pas bons. Ils souffraient des mêmes instincts que leurs créatures. Ils étaient pécheurs, au sens judéo-chrétien. Ils étaient colériques et rancuniers (cas du pauvre Ulysse), jaloux (Héra de son époux, ou Apollon face à Marsyas), assassins (comme Apollon avec Marsyas, ou Bacchus dans ses voyages), tortionnaires (encore une fois comme dans le cas de Marsyas, que nous pouvons étendre à celui de Prométhée, ce caractère rétributif a été transféré au Dieu judéo-chrétien, comme nous le voyons dans les descriptions des tourments infernaux, dont l'exemple maximum est celui de Dante dans la *Divine Comédie*), orgueilleux (comme les déesses du Jugement de Pâris), érotomanes (comme le propre Zeus, ou Apollon), ivrognes invétérés (comme Bacchus et son cortège).

La question de Dieu et de son existence soulève de sérieuses questions spatiales et temporelles.

D'une part, l'insistance à nous voir comme une réalisation maximale d'un être suprême implique une centralité, sinon théo, au moins anthropocentrique, et aussi géocentrique, dont nous savons déjà qu'elle ne peut être soutenue aujourd'hui. Nous sommes perdus au milieu d'un univers infini, sans savoir s'il existe ou non d'autres formes de vie, ce dont nous pouvons déduire ou du moins induire deux choses: notre non-centralité, de même que la non-centralité de la terre dans l'univers; et d'autre part, l'absence de localisation visible, ou compréhensible, ou soupçonnable de quelque Dieu (assumé, non comme nous l'avons dit seulement comme un progéniteur de hasard) dans cette immensité. La considération qui veut continuer à nous voir comme quelque chose de plus qu'une chance génétique et biologique devient donc, dans tous les cas d'un point de vue logique, qui est le seul que nous pouvons avoir en tant qu'êtres humains (l'esprit divin nous étant, nous l'avons vu aussi, depuis la propre théologie des autorités en la matière, inconnue), chaque fois de moins en moins pertinente.

D'autre part, l'incohérence de l'hypothèse historique. Comment penser que toute notre éternité sera définie par ce qui s'est passé dans le très court temps de notre vie terrestre, qui, par opposition, ne représente presque rien au niveau de l'éternité temporelle? Ne serait-il pas illogique et prétentieux de prétendre que, dans l'espace de notre vie connue, nous accomplirions des éphémérides si importantes pour tout le reste, c'est-à-dire le plus petit dirigeant le plus grand?

Bien sûr, certaines religions, comme les indiennes, ont un plus ample système, assumant le karma et les avatars comme des formes d'accomplissement, mais dans une séquence, si nous le pensons, également illogique, puisque le but ultime n'est pas de se *réincarner*.

Ainsi, dans les deux positions, nous voyons que l'existence est considérée comme un vice, un mal, un péché, un moment indésirable. Il serait donc logique qu'il y ait une contrepartie (les mondes meilleurs de l'au-delà, pour le dire dans des termes vaguement leibniziens, bien que réinterprétés à l'inverse de ce que prétendait le philosophe), désirable, celle-ci. Mais ce qu'on nous décrit sont des tourments éternels, et une béatitude fondamentalement réduite à ne rien faire, en écoutant de la musique céleste pour louer une entité égotiste pour les siècles des siècles. En outre de ridicule, cela montre que nous ne savons pas à quoi nous attendre, parce que, précisément, et c'est là notre propos, il n'y a rien à espérer. C'est, nous venons de l'évoquer, le même vide que celui de la non-réincarnation. Parce que nous ne pouvons pas prétendre comprendre ce que ce serait de vivre pour l'éternité, parce que cette dernière, comme Sénèque l'affirmait dans *De la brièveté de la vie* (*De Brevitate Vitae*, 55 avant J.-C.), est trop grande pour faire quoi que ce soit:

"I. *La plupart des mortels, Paulinus, se plaignent de l'avarice de la nature: elle nous fait naître, disent-ils, pour si peu de temps! ce qu'elle nous donne d'espace est si vite, si rapidement parcouru! enfin, sauf de bien rares exceptions, c'est alors qu'on s'apprête à vivre, que la vie nous abandonne. Et sur ce prétendu malheur du genre humain la multitude et le vulgaire ignorant n'ont pas été seuls à gémir: même des hommes célèbres s'en sont affligés et n'ont pu retenir leurs plaintes. De là cette exclamation du prince de la médecine: La vie est courte, l'art est long. De là aussi Aristote fait le procès à la nature et lui adresse ce reproche, si peu digne d'un sage, que libérale pour les animaux seulement, elle leur accorde cinq et dix siècles de vie, tandis que l'homme, né pour des choses si grandes et si multipliées, finit bien en deçà d'un si long terme.*

Non: la nature ne nous donne pas trop peu: c'est nous qui perdons beaucoup trop. Notre existence est assez longue et largement suffisante pour l'achèvement des œuvres les plus vastes, si toutes ses heures étaient bien réparties. Mais quand elle s'est perdue dans les plaisirs ou la nonchalance, quand nul acte louable n'en signale l'emploi, dès lors, au moment suprême et inévitable, cette vie que nous n'avions pas vue marcher, nous la sentons passée sans retour. Encore une fois, l'existence est courte, non telle qu'on nous l'a mesurée, mais telle que nous l'avons faite; nous ne sommes pas pauvres de jours, mais prodigues. De même qu'une ample et royale fortune, si elle échoit à un mauvais maître, est dissipée en un moment, au lieu qu'un avoir médiocre, livré à un sage économe, s'accroît par l'usage qu'il en fait; ainsi s'agrandit le champ de la vie par une distribution bien entendue.

II. Pourquoi nous plaindre de la nature? Elle s'est montrée généreuse. La vie, pour qui sait l'employer, est assez longue. Mais l'un est possédé par l'insatiable avarice; l'autre s'applique péniblement à d'inutiles labeurs; un autre est plongé dans l'ivresse, ou croupit dans l'inaction, ou s'épuise en intrigues toujours à la merci des suffrages d'autrui, ou, poussé par l'aveugle amour du négoce, court dans l'espoir du gain sur toutes les terres, sur toutes les mers. Dévorés de la passion des armes, certains hommes ne rêvent que périls pour l'ennemi, ou tremblent pour eux-mêmes; ceux-ci, pour faire aux grands une cour sans profit, se consument dans une servitude volontaire. Ceux-là, sans nul relâche, ambitionnent la fortune d'autrui ou maudissent la leur. Le plus grand nombre, sans but déterminé, sont les jouets d'un esprit mobile, irrésolu, mécontent de soi, qui les promène de projets en projets. Quelques-uns ne trouvent rien qui leur plaise et où ils doivent diriger leurs pas: engourdis et bâillants, la mort vient les surprendre; tant cette sentence, échappée comme un oracle de la bouche d'un grand poëte, est à mon sens incontestable

De notre vie, hélas! la plus grande partie
Est celle où nous vivons le moins.

Tout le reste n'est point vie, mais durée. Les vices sont là qui assaillent ces hommes de toute part, qui ne souffrent pas qu'ils se relèvent, qu'ils portent en haut leur regard, pour voir où luit la vérité: ils les tiennent plongés, abîmés dans d'immondes désirs 3. Jamais loisir de revenir à soi: si parfois le hasard les gratifie d'un peu de calme, comme sur une mer profonde, où les vagues roulent encore après la tempête, leur agitation persiste, les passions ne leur laissent jamais de repos.

Je ne parle là, penses-tu, que de gens dont chacun avoue les misères. Vois les heureux autour desquels la foule s'empresse: leur prospérité les suffoque. Que de riches auxquels pèsent leurs richesses! Que d'hommes dont l'éloquence ardente à s'étaler, à fournir chaque jour sa carrière, arrache le sang de leurs poumons! Combien sont pâles de leurs continuelles débauches! Combien immolent complètement leur liberté au peuple de clients qui déborde autour d'eux! Parcours enfin tous les rangs, des plus humbles aux plus élevés: l'un assigne, l'autre comparaît; l'un est accusé, l'autre défenseur, un troisième est juge: aucun n'est à soi-même, tous se consument pour ou contre un autre. Demande ce que font ces hommes, dont les noms chargent la mémoire des nomenclateurs; voici tous leurs traits distinctifs: l'un s'emploie pour celui-ci, l'autre pour celui-là, aucun pour soi-même. Et l'on en voit se plaindre, avec une indignation bien folle, du dédain de leurs grands patrons qui, lorsqu'on veut les aborder, n'ont pas un moment à donner! Oses-tu bien accuser la morgue d'autrui, toi qui jamais ne trouves un moment pour toi-même? Cet homme du moins, quel qu'il soit, si hautain de visage, t'a regardé enfin; il a prêté l'oreille à tes discours, il t'a admis à ses côtés; toi, tu n'as jamais daigné t'envisager, ni te donner audience.

III. Ne crois donc pas qu'on te doive rien pour de tels offices: lorsqu'en effet tu les rendais, c'était, non par désir de te donner à autrui, mais par impuissance de rester avec toi. Quand les plus brillants génies qui furent jamais s'uniraient en ce point, ils ne pourraient s'émerveiller assez d'un tel aveuglement de l'esprit humain. On ne laisse envahir ses champs par qui que ce soit; au plus mince différend sur les limites, on a recours aux pierres et aux armes; mais sur sa vie on laisse empiéter qui le veut; bien plus: soi-même on introduit les usurpateurs. Vous ne trouvez personne qui veuille partager son argent avec vous: entre combien de gens n'éparpille-t-on pas son existence? Sévères économes de nos patrimoines, s'agit-il de dépenser le temps, nous sommes prodigues à l'excès du seul bien dont il serait beau d'être avare. Volontiers prendrais-je dans la foule des vieillards le premier venu pour lui dire: «Te voici arrivé au dernier période de la vie humaine; cent ans ou plus pèsent sur ta tête: voyons, rappelle ton passé, fais-lui rendre compte. Dis ce que t'en a dérobé un créancier, une maîtresse, un plaideur, un client, tes querelles conjugales, l'ordre à maintenir parmi tes gens, tes courses officieuses par la ville. Ajoute les maladies qui furent ton ouvrage, et tout le temps que tu laissas stérile, tu te verras plus pauvre d'années que tu n'en supputes. Repasse en ta mémoire combien de fois tu as été fixe dans tes projets; combien de jours ont eu l'emploi que tu leur destinais; quel usage tu as fait de ton être; quand ton front est demeuré calme et ton âme exempte de trouble; quelle œuvre dans un si long espace a été par toi menée à fin; que de gens ont mis ta vie au pillage quand toi tu ne sentais pas ce que tu perdais; combien les vaines douleurs, les folles joies, les avides calculs, les conversations décevantes ont absorbé de tes moments: vois le peu qui t'est resté de ton lot; tu reconnaîtras que tu meurs trop jeune.»

IV. D'où vient donc tout le mal, ô hommes? Vous vivez comme si vous deviez toujours vivre; jamais il ne vous souvient de votre fragilité. Loin de mesurer la longueur du temps écoulé, vous le laissez perdre comme s'il coulait à pleins bords d'une source intarissable; et peut-être ce jour que vous sacrifiez à tel homme ou à telle affaire est le dernier de vos jours. Vous craignez tout, comme de chétifs mortels; et comme des dieux vous voulez tout avoir. Rien de si ordinaire que d'entendre dire: «À cinquante ans je quitterai tout pour la retraite; à soixante ans je prendrai congé des emplois.» Et qui donc te garantit que tu dépasseras ce terme? Qui permettra que les choses aillent comme tu les arranges? N'as-tu pas honte de ne te réserver que les restes de ton existence, et de destiner à la raison le seul temps qui ne soit bon à rien? Qu'il est tard de commencer sa vie à l'époque où elle doit finir! Quel fol oubli de la condition mortelle que de remettre à cinquante ou soixante ans les projets de sagesse, que de vouloir entrer dans la carrière à un âge où peu d'hommes ont poussé la leur! Vois comme il échappe aux plus puissants et aux plus élevés d'entre les humains des paroles de regret, des vœux pour ce repos qu'ils préconisent, qu'ils préfèrent à toutes leurs prospérités. Ils voudraient bien par instants descendre de leur faîte 8, s'ils le pouvaient impunément: car lors même qu'au dehors rien ne l'attaque ou ne l'ébranle, toute haute fortune tend à crouler sur elle-même.

IX. Cette pensée peut-elle être celle d'aucun homme, je dis de ces hommes qui se piquent de prudence et qui sont trop laborieusement occupés pour embrasser une vie meilleure? Ils approvisionnent leur vie aux dépens de leur vie même; ils distribuent leurs plans sur un long avenir: or voilà surtout comme notre existence se perd, à différer. Voilà ce qui leur dérobe successivement les jours les plus près d'eux, et leur vole le présent en leur promettant l'avenir. Le plus grand empêchement à la vie, c'est l'attente, que tient en suspens le lendemain. Tu perds le jour actuel: ce qui est aux mains de la Fortune, tu le veux régler; ce qui est aux tiennes, tu le lâches. Que prétends-tu? Où élances-tu ton être? Tout ce qui

est à venir repose sur l'incertain. Vis dès cette heure. Entends le cri du plus grand de nos poëtes; ne dirait-on pas
qu'une bouche divine a dicté à sa muse cette salutaire pensée:
Tous vos jours les meilleurs, ô mortels misérables,
Fuient les premiers . . . .
Que tardes-tu? semble-t-il dire; qu'attends-tu? Si tu ne t'empares de ce jour, il fuit; quand tu t'en seras emparé, il fuira
encore. Il faut donc combattre la rapidité du temps par la promptitude à en user. Cette cascade qui se précipite ne
coulera pas toujours: hâte-toi de puiser. Ce qui condamne encore admirablement tes plans illimités, c'est que le poëte ne
parle pas même de saisons, mais de jours. Tranquille, et dans cette effrayante fuite des temps, nonchalamment immobile,
ce sont des mois, des années, une longue suite d'années que dans tes rêves ambitieux il te plaît d'accumuler; or de quoi te
parle-t-on? d'un jour, et d'un jour qui fuit. Il n'est donc que trop vrai: tous les meilleurs jours fuient les premiers pour
les malheureux mortels, pour ceux bien entendu qui se tourmentent de soins frivoles et, encore enfants par l'intelligence,
se voient surpris par la vieillesse, à laquelle ils arrivent sans apprêts, sans armes. Ils n'ont pourvu à rien: ils tombent
tout à coup et en aveugles aux mains de l'ennemi: ils ne sentaient pas ce qu'il gagnait journellement sur eux. De même
qu'un entretien, une lecture, quelque pensée qui les absorbe dérobe aux voyageurs la longueur du chemin; ils se voient
arrivés avant de s'imaginer qu'ils approchaient: ainsi le voyage rapide et continuel de la vie, où l'on marche, soit éveillé,
soit endormi, toujours du même pas, ces malheureux préoccupés ne le jugent bien qu'au terme fatal."[42]

L'autre chose est que s'exprime clairement dans ce désir de ne rien faire d'autre que de louer un Dieu inutile pendant des siècles la reproduction, le fantasmatique, reflété dans la vie dans de l'au-delà, de ce qu'il plaît à la plupart de faire dans cette vie. Les gouvernements de la gauche latino-américaine, suivant le modèle du stalinisme, sont connus, comme les dictatures de tout genre et de tout bord politique, pour le plaisir d'entendre le chef parler pendant des heures, parler de tout, sans sens. Ils prétendent aussi que ce soit là notre vie *post-mortem*. Ce à quoi nous leur répondons que cela n'est pas notre idée du bonheur, raison pour laquelle nous ne voulons pas de cette éternité, qui n'est rien d'autre que de se retrouver avec les mêmes personnes que nous ne voulons pas voir dans cette vie, pour recommencer à reproduire les mêmes tâches sans signification.

Les mêmes élaborés, comme nous le voyons chez Dante, tourments éternels, sont, à la fin, s'ils se répètent, très ennuyeux. Que signifie que chaque jour Sisyphe devra lever son rocher, ou que Prométhée aura son foie dépecé par un aigle tous les jours? Bien sûr, si nous nous mettons à leur place, nous voyons et comprenons, parce que nous avons tous souffert, la

[42]Sénèque le Jeune, *Œuvres complètes*, trad. de Joseph Baillard, Paris, Hachette, 1914, T. I, pp. 313-316 et 322.

douleur lancinante d'une transe répétée à l'infini. Pire est la souffrance, pire est la punition de sa reproduction permanente.

Mais, pris autrement, en lisant le mythe à rebours, on peut induire que ses auteurs, tout simplement, ne savaient pas quoi offrir d'autre, et, comme les contes se terminent par le bonheur de l'"*ever after*", de même les tourments mythiques. Manque d'imagination, plus qu'exacte description d'un lieu que personne ne connaît, parce que personne, sauf en rêve, comme de nouveau le menteur et génial Dante, n'y est allé, et donc personne n'en est revenu pour nous dire à quoi cela ressemblait.

Il est ainsi significatif et très frappant que le point central, en outre non respecté, de la théologie chrétienne soit la libération par le Christ, ressuscité, de la domination de la mort pour les Protoplastes et nous tous, leur progéniture.

Cependant, nous ne savions pas qu'après le Christ, l'humanité cessât de souffrir la mort. Même les guerres du Nouveau Régime, depuis le XIXème siècle, furent plus cruelles, et plus sanglantes et impitoyables. Et les armes meilleures aussi.

Ni moins de souffrances, ni moins de morts, nous continuons à nous alterner. Les personnes âgées meurent après s'être, comme tout animal, reproduits.

Cette peur de la mort, qui en fait l'objet central de la théologie et de la liturgie, falsifiée, parce qu'elle ne s'accomplit pas, ne l'a jamais fait ni ne le fera jamais, révèle l'origine de la tromperie que nous nous sommes infligée pour trouver une justification à ce qui n'en a pas.

Une rapide parenthèse ici: il est à noter que le recours inverse en sens dogmatique, mais parallèle en sens logique, de la question de la pérennité de l'âme et du châtiment ou pas durant (toute) l'éternité (après la fin des temps, laquelle introduit, comme on le comprend, un second terme, incohérent, car *il réduit la période de l'éternité* à un autre moment, non déterminé, *préalable*, quand, en soi, l'éternité n'est pas ce qu'elle est censée être, c'est-à-dire *toute elle*, mais celle qui, dans tous les cas, est postérieure à notre vie présente, et selon la théorie biblique, en outre, *quand plus personne ne sera* **en vie** *pour la voir* **ou la comprendre depuis la raison humaine**, ce qui, encore une fois dans notre compréhension, est une belle aubaine *pour la non-vérifiabilité de son existence comme phénomène divin par l'action de la critique de la pensée humaine à son sujet*), est celle du moment (théologiquement, de fait, référencé dans la *Bible* comme un premier moment avant et antichambre dudit Jugement Final) de la Passion du Christ. À présent, depuis le même texte (la *Bible*), on nous affirme que, pour diffuser la bonne nouvelle, a été donné aux Apôtres le don des langues, ce qui est un article de foi. Mais si l'on y pense correctement, c'est-à-dire en dehors de l'organisation théologique du raisonnement (arrive le fait, et il a besoin, comme dans les histoires, du départ pour se diffuser, tout comme le Vaillant Petit Tailleur a besoin de se vanter devant le monde d'avoir tué sept mouches d'un seul coup, ce qui, croyons-nous, comme dans le cas du Christ, va provoquer les malentendus que nous connaissons tous), mais à partir d'une simple vision logique du discours religieux, nous nous demanderons: si l'événement est cosmique, et si la mort du Christ change le destin de l'humanité, d'abord pourquoi rien ne s'est-il passé dans le sens où le mal continue d'exister?, mais, plus encore, en un sens ici purement narratif, pourquoi, niant l'aspect universel qu'on nous dit qu'il eut, fut nécessaire, renforçant au contraire l'idée que ce fut *seulement un évènement réduit à un lieu spécifique colonies romaines*, donc excessivement marginal et périphérique, pourquoi fut nécessaire, disions-nous, l'intervention des apôtres de déclarer l'universalité de quelque chose qui devrait, s'il l'est, l'être par lui seul? Dit autrement, si une météorite géante frappait la planète et la faisait entièrement disparaître, nous nous en rendrions compte tous ensemble, à l'instant, sans l'intervention d'un narrateur, que celui-ci soit un apôtre antique ou l'actuel cinéma hollywoodien. Par conséquent, la conclusion logique est **que la mort du Christ n'eut pas de caractère universel, ET QUE LA PROPRE BIBLE LE COMPREND, LE CONÇOIT ET L'ACCEPTE (en sous-texte, pour preuve l'addition après les Évangiles et avant** *l'Apocalypse, des nombreuses Épîtres des apôtres cherchant à convaincre les populations non converties), MÊME QUAND IL NOUS DIT LE CONTRAIRE.*

Mais revenant au sujet (la parenthèse servant à accentuer la considération globale de l'inadéquation à la logique de la pensée mystique, en particulier en ce qui concerne son point le plus fondamental: la représention et la compréhension des concepts parallèles de l'éternité [notion temporelle] et de sa contrepartie [comme concept spatial] qui est l'idée de ce qui est [l']universel), en outre de la question actuelle sur la possibilité de la réincarnation, naissant plus d'enfants maintenant de ceux qui sont morts, le cas des enfants avortés nous semble cependant poser un cas sérieux d'interrogation pour cette théorie, qui présuppose, pour que puisse se compléter le phénomène, qu'il y ait eu une existence d'actions qui puisse définir le genre de réincarnation du mort dans sa vie future. Au moins, si, au contraire, nous supposons que l'avortement ou la mort avant la naissance sont un *bug* de l'Au-delà, nous nous trouvons alors face à la question, pire et le plus pressante, de l'inefficacité de Dieu et de ses anges, comme elle existe entre les hommes.

Met en évidence cette problématique, pour nous, bien que conjecturale dans la vie religieuse des individus, centrale quant aux réflexions qu'elle implique, l'article (de titre significatif: "*Funerales de angelitos: ¿rito festivo sin duelo? Rito y desmentida a falta de una vida con historia para un duelo sin memoria*") d'Araceli Colin (2004) sur le cas mexicain des rituels pour les enfants mort, dans lequel il apparaît que la figure de l'enfant mort, et plus encore de l'enfant mort avant d'être né, apparaît comme une figure dont il est pire de se détacher, n'ayant pas (ou n'ayant pas eu) d'existence d'aucune sorte (ni sociale, ni familiale, ni médicale, ni légale, ni religieuse), le rituel servant à compenser (en attendant de remplacer ce vide par un autre enfant du même nom) ladite double absence (celle du mort, mais du mort non né-connu, non *historique*).

"*Según Durkheim los ritos de duelo o piaculares son los ritos que se cumplen para enfrentar una calamidad, recordarla o deplorarla, pero evidentemente no es sólo ese criterio el que define al rito de duelo. La diferencia con el rito funerario es que éste último le da un tratamiento al difunto, mientras que el rito de duelo está destinado a sostener la transformación subjetiva del deudo.*

Las preguntas.

¿El rito festivo por angelitos, es o no un rito de duelo? ¿El duelo subjetivo y el rito de duelo son sincrónicos? Los antropólogos contestarían que sí, que culminado el rito culmina la transformación del pasante. Las respuestas no podrían provenir, según mi criterio, solamente de la teoría antropológica sino del sentido que tiene esta experiencia de pérdida y estas tradiciones para la comunidad estudiada. Si es un rito de duelo, no podemos asegurar sin riesgo de equivocarnos que el duelo subjetivo se resuelve en todos los deudos por un rito, por muy fuerte y cohesiva que sea una tradición cultural en pleno siglo XXI. No podemos asegurar que la significación cristiana de la fiesta por la muerte infantil tiene tal solidez en la creencia y tanto impacto en ella que produce la inexistencia del duelo, pues si la significación de la fiesta fuera sólo cristiana no se entendería por qué habría de ser un fenómeno predominantemente campesino. Si la supuesta inexistencia del duelo subjetivo no encuentra su resorte en la significación cristiana sino en otra creencia, falta saber cuál es ésa, en qué consiste y por qué se fusionó con la creencia cristiana."[43]

"*El funeral festivo no es exclusivo de México. O'Suilleabháin afirma que se realizaba en Irlanda, que se extendió la tradición a diversos pueblos de Europa, Escandinavia, Hungría, Rumania, hasta Rusia; la hubo entre los pueblos indígenas de Estados Unidos y en las islas del Pacífico36. En España se realizaba con guitarra, castañuelas y algarabía, aunque del otro lado llorara la madre37. De allá vino la tradición a México, así que no es "curiosidad" mexicana. Se extendió la tradición en toda América Latina con más o menos variantes. Los clérigos censuraban los excesos pues al parecer el sentido festivo de la doxa religiosa no era precisamente el de la tradición popular.*"[44]

"*Al explorar el pasaje ritual que consiste en el levantamiento de la sombra de los niños advertí que no había acuerdo sobre si los niños tienen o no sombra; se trata de una creencia difusa, de poca consistencia. El levantamiento de la cruz/sombra ritual no siempre se realiza. En el difunto adulto no hay ninguna duda, sí tiene sombra y se lo entierra para que descanse y no se quede ninguna parte de él en la tierra. Para el adulto la cruz es de cal. Si la sombra se queda en la tierra produce efectos peligrosos y contaminantes en los deudos y les amenaza también de muerte. Por eso no hay que soñar al muerto adulto porque se carga la sombra; es un resto del difunto que desprendido del cuerpo hay que enterrar ritualmente después. Pero en el caso del niño no se sabe si tiene o no sombra cuando se trata del entierro. Es claro que la tiene cuando se trata de explicar la enfermedad. La sombra es una especie de entidad anímica que si se separa en vida del cuerpo produce enfermedad y amenaza con la muerte. Soñar al angelito no es peligroso. La noción de sombra es heredera de concepciones anímicas antiguas: Para los nahuas cada persona tenía tres: "teyolía" (residía en el corazón), "ihíyotl" (residía en el hígado) y "tonalli" (residía en la cabeza).*"[45]

"*Elisa Mandell realizó una investigación sobre las pinturas de infantes muertos y concluyó que la pintura del infante angelito no fue una tradición vernácula extendida, en razón de su costo. Esto sólo fue propio de las familias criollas adineradas. Esta práctica de pintar a los niños muertos fue introducida por las reinas españolas desde el inicio del siglo XIV. El antecedente de estos retratos fueron pinturas de las familias nobles en pasajes bíblicos, luego se encargaron*

---

[43]Araceli Colin, "*Funerales de angelitos: ¿rito festivo sin duelo? Rito y desmentida a falta de una vida con historia para un duelo sin memoria*", *Litoral*, No 34, Juillet 2004, Edelp, México, p. 2.
[44]*Ibid.*, pp. 8-9.
[45]*Ibid.*, p. 10.

pinturas de niños nobles que habían fallecido. Esta iniciativa de las mujeres nobles españolas fue precursora de la fotografía angelical. La fotografía del angelito sí se constituyó luego en tradición popular en algunas regiones de México, en Jalisco y en algunas zonas del Estado de México. También en Perú se acostumbraba retratarse con el niño vestido como si estuviera vivo."[46]

"La pintura y la fotografía del cuerpo del niño en estos ritos es uno de los soportes imaginarios para sostener la desmentida de que ha muerto
.../...
La intercesión, en las comunidades que no recurren a la fotografía, es también una forma de construir un lazo imaginario con el hijo.
.../...
Esta era una de mis hipótesis: la intercesión está destinada a construir ese lazo que nunca existió con los bebés que murieron de días, o al nacer." [47]

"Es interesante advertir que también para la tradición mexica el sacrificio de los niños ocurría en las literas detrás de unas mantas, privando a los participantes de la posibilidad de mirar el momento mismo de la muerte. Esta sustracción de la mirada pública respecto de la imagen mortal también aparece en el sacrificio de Ifigenia en la tragedia griega."[48]

"Dice Van der Leeuw que los ángeles son esencias anímicas, poderes idos hacia afuera: no están encerrados en sí mismos como piensa una moderna atomística. Afirma que cuando se habla del ángel de la guarda en el cristianismo rara vez se advierte que quien cuida al niño no es un ángel enviado por Dios, sino el propio poder del niño enviado hacia afuera."[49]

"Tanto en la creencia cristiana como en la mexica el niño es un poder que permanece como potencia, sea como ángel, sea como "teyolía". Si el niño no había probado aún alimento de la tierra entonces renacería."[50]

"El niño está asociado a las semillas. El sacrificio infantil ha sido una institución propia de las culturas agrícolas. El campesino sacrifica la semilla que podría germinar para comerla. Es una interrupción abrupta de la vida vegetal para alimentar otra forma de vida. La vida humana interrumpida es un don, como son dones los alimentos de la naturaleza. El don de la vida humana alimenta a los dioses o al orden cósmico para perpetuar o reestablecer un equilibrio. Antiguamente se enterraba a los niños debajo de los graneros. La fiesta de la Candelaria establece claramente este vínculo entre niño y semilla. Se cambia el vestido de los niños-Dios el 2 de febrero; el cambio de vestido es una metáfora del cambio de textura de la tierra. La tierra se viste de diferentes colores según el período del cultivo. La piel, el vestido y la superficie de la tierra entran en ecuación simbólica. El niño muerto prematuramente es una semilla que no germinó, una vida no realizada; por eso es un don.
La envoltura del niño, su atuendo sagrado, envuelve un vacío de huellas, envuelve la pura potencia de una vida que se entrega como don. Se entrega porque los dioses o el Dios ya lo ha recogido. Esa envoltura que lo sacraliza y le quita su

---

[46]*Ibid.*, p. 11.
[47]*Ibid.*, p. 12.
[48]*Ibid.*, p. 13.
[49]*Ibid.*, p. 16.
[50]*Ibid.*, pp. 17-18.

carácter de cadáver, al mismo tiempo representa la divinidad. El niño se inscribe así en la filiación celeste, pues el atuendo es una identificación con los padres celestiales."[51]

"*No sé de la existencia de ritos de duelo en el mundo urbano mexicano cuando la muerte ocurre in útero o al nacer. En Chile, en las fachadas de algunas iglesias de Valparaíso, hay inscripciones grabadas en una piedra en memoria de las almas de los niños muertos antes de nacer. En Japón sí existe un lugar a donde van los Mizukos o "niños del agua". Se trata de ciertos templos budistas que hicieron lugar a la memoria de los fetos. Se les llama "cementerios de fetos" aunque ninguno haya sido enterrado ahí. Se trata en realidad de campos de estatuillas. Después de un aborto, muerte en útero, parto fallido o niño nacido muerto, los padres que han atravesado ese evento pueden comprar un muñeco (Mizuko) y colocarlo en ese cementerio. Es un espacio físico real donde compartir con otros la posibilidad de llevarle ropa, biberones, flores y juguetes para que el Mizuko no se aburra83. Es un lugar para la memoria sin memoria. Es decir, ahí donde se produjo un evento casi sin huellas de memoria, el cementerio se ofrece como la posibilidad de un escenario para construir lo que habría sido vestirle, alimentarle, jugar con él y producir post mortem ese lazo imaginario que faltó.*

¿Reponer el nombre? ¿cuál privación?

Entre las personas entrevistadas encontré que varias se referían a la muerte del niño y a la necesidad de reponer el nombre. Esta expresión significa que es preciso darle el mismo nombre del hijo muerto prematuramente a un nuevo hijo. En uno de los casos que entrevisté, la madre "repuso el nombre", repitió el nombre de su hija muerta a la siguiente hija, quien falleció también y de la misma enfermedad que la primera. Este evento expresa que por muy socializada que esté la práctica, reponer el nombre no escapa a los efectos del significante y a los estragos de semejante pretensión de reposición. Si se repone el nombre, no hay privación. Pareciera necesaria la corporeidad imaginaria de un nuevo hijo para poder realizar con él el duelo del anterior."[52]

(Reposition que nous trouvons, célèbre, dans le cas de Vincent Van Gogh, et qui a probablement contribué à la création de son personnage.)

"*Como se observa, para algunas madres el duelo por infantes muertos al nacer o muertos cuando tienen días de nacidos es menos doloroso que cuando ya tienen varios años, pero es más complejo el duelo cuanto más precoz fue la muerte del hijo, precisamente en razón de que no hay ninguna localización posible de quién sería ese bebé en la vida de esos padres. ¿Qué vías puede seguir un duelo donde no hay ni nombre para el niño? Los infantes que mueren al nacer o que mueren durante el embarazo, ni siquiera alcanzan el estatuto de ciudadanos ante el Estado. Los niños no logrados no existen ni para la ley, ni para el mundo ritual, ni para el discurso social. El mundo médico lo registra como hecho clínico en el mismo tenor de cualquier enfermedad. Los restos son considerados restos quirúrgicos y no tienen tratamiento de restos humanos. La pareja queda sumida en una horrorosa experiencia de la muerte del hijo sin nombre, ni acta, ni sitio, ni rito, ni lugar para la memoria. Esta experiencia traumática, sin soporte social, frecuentemente genera esterilidad o experiencias repetidas de gestación fallida.*"[53]

---

[51]*Ibid.*, p. 18.
[52]*Ibid.*, pp. 18-19.
[53]*Ibid.*, p. 21.

""*El rito de duelo" y el "duelo subjetivo" no son isomórficos ni sincrónicos. Cuando termina el "rito de duelo" no necesariamente termina el "duelo subjetivo". Esta desincronización de uno y otro depende del contexto cultural y familiar, de los conflictos comunitarios presentes en el momento del deceso y de las diferencias entre los sujetos."*[54]

La vie au paradis (ou enfer) pour toute l'éternité, nous l'avons dit, est définie par un temps très court, qui est celui de la vie réelle, attestée, de l'individu, pour la théologie judéo-chrétienne et musulmane. Au contraire, le karma préside à la répétition des incarnations pour les religions dharmiques, et c'est en arrivant à faire le bien qu'on est sauvé de ces réincarnations. Ainsi, nous voyons, si le problème semble se résoudre un peu plus élégamment dans ce second modèle, qu'il ne laisse d'avoir deux fondements illogiques: en premier, que l'on doit se racheter sans savoir préalablement de quoi (personne ne se souvient vraiment de sa vie antérieure) et en supposant que dans l'état où il est il puisse le faire (se racheter, mais cela signifie que les animaux inférieurs ont un égal niveau de raison que nous pour savoir qu'il font quelque chose de mal, que leur morale soit *identiquement semblable* à la nôtre, et qu'ils soient en condition, dans cet état inférieur, de racheter des dommages majeurs: un escargot pourra difficilement compenser le fait d'avoir été un meurtrier de masse - à moins que l'on considère que la peine, et donc la rédemption, soit en elle-même dans la transformation et dans cette vie en tant que forme inférieure, mais alors l'incarnation suivante serait vide de sens, *puisque nécessairement quiconque pourrait se racheter* **sans rien faire de plus que se réincarner** -); la seconde est plus grave encore: elle suppose, *de manière inverse mais néanmoins tout à fait parallèle à la judéo-chrétienne*, que toute l'éternité est vouée à arriver à ne pas se réincarner. Ainsi, c'est dans une séquence de vies consécutives, mais toujours identiques (ou similaires, d'un point de vue purement formel, pas du sens de chacune ou de ses réussites spécifiques), que s'établit la ritualité de la vie (c'est-à-dire, la vie est la vie même, mais répétée comme *mise en miroir*). L'éternité reste donc encore dans ce modèle aussi le contrepoint focal. Mais le paiement éternel (bon ou mauvais) se transforme en fonction d'une seule vie, pour l'éternité de vies à économiser vers la non-

---

[54]*Ibid.*, p. 22.

réincarnation (pour parvenir à être hors de la vie). On voit que les deux modèles se reflètent sur l'autre, et ne nous donnent pas une véritable alternative, mais plutôt deux versions de la même chose (une vie ridiculement courte qui prétend définir l'éternité de l'Être, *versus* ou égale une éternité ridiculement infinie de réincarnations pour obtenir l'absence du Non-Être). En d'autres termes, si a aucun sens, bien que paradoxal, le fait de prétendre faire que la vie ici-bas implique la salvation ou la condamnation dans l'Au-delà, quel serait le but, pour l'homme, d'arrêter de faire le mal, seulement pour cesser d'exister? Ne serait-il pas mieux, au contraire, pour le pécheur de continuer dans la chair et la jouissance?

La limitation temporelle de la vie est alors illogiquement justifiée par le symbolisme des nombres, comme dans le cas, paradigmatique, de la vie du Christ et de sa mort à 33 ans.

D'un autre côté, pour accentuer la question de la relation des hommes avec leurs dieux respectifs, comment, comme dans les rituels précolombiens, Dieu peut-il se satisfaire de la fidélité du croyant, s'il ne s'offre pas en sacrifice lui-même, mais, au contraire, l'étranger, le prisonnier[55]?

De même, les gens continuent d'aller à la messe au sein des dictatures (nous pensons à la franquiste espagnole aussi bien qu'aux latino-américaines, les deux régions étant très catholiques), le Dictateur et son cortège vont aussi à la messe. Comment, alors, croire en Dieu si l'institution qui le reçoit ou qui se dit de lui, comme Boccace le dénonçait dans le *Décaméron*, est immorale, et quand les fidèles n'ont pas non plus de honte? (On sait qu'une personne en état de péché ne peut communier, il serait alors logique de penser qu'un pays en état de dictature n'oserait pas non plus prier un Bien suprême.)

---

[55]Cf. René Girard, *La violence et le sacré*, 1972.

7. Conclusion: le vrai sens de Dieu pour comprendre ce qu'est l'homme

La religion est hors de toute réalité historique, de sorte que le Nouvel Adam, sauveur du monde, se réfère dans les homélies sacerdotales, pendant les pires dictatures actuelles et passées, comme si de rien n'était, sous Hitler ou l'Inquisition.

D'autre part, si nous pensons, non plus à partir de l'inscription de la religion, comme théorie, dans la société, mais depuis son suivi de celle-ci (suivi, nous entendons de la société par la religion, contrairement à ce qui est souvent pensé), nous voyons, non seulement comment elle cherche à s'accomoder à l'actualité, pour sauver son statut dans la société, comme tout politicien (des protestants, habitués du fait, jusqu'aux Papes Jean-Paul II et François), mais plus encore s'agissant de ce que surgissent les églises là où il y a des communautés humaines, et non l'inverse. Ainsi il n'y a pas de primogéniture, contrairement à ce que prétendent les théoriciens de l'ufologie, par exemple, ou la tradition chrétienne (sur le site de la création du Saint Siège du Vatican ou de Saint Denis à Paris par exemple), une situation originale du lieu sacré (croyance également référée au cube sacré de Jérusalem par exemple), mais que la localisation des églises (on le voit plus dans les conurbanisations actuelles, au Nicaragua par exemple: un nouveau quartier implique une nouvelle église ou un nouveau temple) dépend de l'endroit où se déplace la population (phénomène rendu plus visible encore par le caractère horizontal et tentaculaire, en outre de désorganisé, de l'expansion urbaine du Nicaragua actuel, postérieurement au séisme de 1972, et jusqu'encore, sans aucune évolution positive du processus [originellement temporel et dû à l'évènement] en ce début du XXIème siècle). Par conséquent, s'il n'y a pas de sainteté primaire, mais la création de sainteté selon la commodité communautaire (la foi - la Loi, autrement dit - ne forme pas la société, mais c'est la société qui la forme, ce qui, en sens anthropologique, permet de comprendre les variables religieuses de chaque époque et pays, par exemple les assumés rituels de sang précolombiens ou le cannibalisme), de la même manière, cela nous conduit à renforcer l'idée que la société, créant l'attirail relatif à ses dieux et afin de les vénérer , les crée eux aussi (c'est-à-dire, si chaque religion prétend être la bonne - même quand elle essaye de tolérer les autres, voir les disputes entre les trois grands monothéismes, et dans chacun d'entre eux entre ses différents courants, en particulier les massacres protestants en France, et, à l'inverse, les catholiques en Irlande - nous n'avons cependant pas une seule histoire, mais des histoires multiformes des dieux gréco-romains d'une part, sumériens, de l'autre, nordiques, africains, indiens, asiatiques, ou judéo-chrétiens).

D'un point de vue physiologique et de compréhension sociologique et neurologique des procédés et des processus cérébraux, tant individuels donc que collectifs, le cas de la problématique de Dieu, encore plus lié à tous les cas de possession référencés, démoniaques ou non (de l'ordre de la maladie psychologique individuelle, par conséquent), et des rituels élaborés par chaque société pour la briser (de l'ordre de la folie collective, ou des troubles partagés, voir à ce propos n'importe quel procès de sorcellerie de l'époque moderne, où des populations entières demandaient à grands cris le châtiment de sorcières supposées pour d'aujourd'hui improbables actes), nous permet d'entrer, et donc semble révéler, plus que tout autre phénomène psychologique collectif, par sa permanence (sous différentes configurations) au cours des siècles, le caractère fondamentalement duel, et donc l'esprit dissociatif de l'esprit humain.

Pour le confirmer, il suffit de se souvenir de ses contreparties: l'ami secret, et sa contrepartie obscure: le Croque-mitaine (voir sa popularité à travers le succès de *Monster, Inc.* de 2001 de Pete Docter); le *Moi* romantique (comme il est décrit et étudié par Walter Benjamin, dans *Le concept de critique esthétique dans le romantisme allemand*[56], thème que nous avons abordé dans notre article du *Nuevo Amanecer Cultural*, intitulé: "*Yo soy aquel que ayer no más decía*"[57]); la définition même de notre être et de notre

---

[56]Walter Benjamin, *Le concept de critique esthétique dans le romantisme allemand*, París, Flammarion, 1986.
[57]N.-B. Barbe, "*Yo soy aquel que ayer no más decía*", *Nuevo Amanecer Cultural*, 5/8/2006, p. 10.

personnalité par les anthropologues et les archéologues comme "*Homo sapiens sapiens*", c'est-à-dire "*qui sait* (ou, bien que moins littéralement, mais plus clairement, qui est conscient) *qu'il sait*".

Dans "*The Parson's Tale*" ("*Conte du curé*") des *Contes de Canterbury*, Chaucer, en évoquant les tourments chrétiens:

"*And for as muche as they shul nat wene that they may dyen for peyne, and by hir deeth flee fro peyne, that may they understonden by the word of Job, that seith, "ther as is the shadwe of deeth." Certes, a shadwe hath the liknesse of the thyng of which it is shadwe, but shadwe is nat the same thyng of which it is shadwe. Right so fareth the peyne of helle; it is lyk deeth for the horrible angwissh, and why? For it peyneth hem evere, as though they sholde dye anon; but certes, they shal nat dye. For, as seith Seint Gregorie, "to wrecche caytyves shal be deeth withoute deeth, and end withouten ende, and defaute withoute failynge. For hir deeth shal alwey lyven, and hir ende shal everemo bigynne, and hir defaute shal nat faille." And therfore seith Seint John the euaungelist: "they shullen folwe deeth, and they shul nat fynde hym; and they shul desiren to dye, and deeth shal flee fro hem.'"*[58]

Nous rappelle comment ceux-ci viennent des antiques (les grands condamnés des Enfers[59] répétant la même punition pour l'éternité: Prométhée, Sisyphe, etc.).

Là l'illogique du cas saute aux yeux:

"*And eek Job seith that in helle is noon ordre of rule. And al be it so that God hath creat alle thynges in right ordre, and no thyng withouten ordre, but alle thynges been ordeyned and nombred; yet, nathelees, they that been dampned been nothyng in ordre, ne holden noon ordre. For the erthe ne shal bere hem no fruyt.*"[60]

En supposant que Dieu a tout créé, et que toute sa création est parfaite, comme le dit Chaucer lui-même, et l'impose comme un article de foi toute religion, en particulier la judéo-chrétienne, d'où, sans doute, la confusion de Chaucer, comment expliquer le désordre ou le manque d'ordre, même avec le but moral de punir pour le péché personnel, dans un endroit qui soit s'affronte à l'ordre divin, ou bien est son contraire, par

---

[58]https://en.wikisource.org/wiki/The_Canterbury_Tales/The_Parson%27s_Prologue_and_Tale#First_part, "*First part*", §10.
[59]Erwin Panofsky, *Le Titien - Questions d'iconologie*, Paris, Hazan, 1989, pp. 210-213; repris par Irène Aghion, Claire Barbillon et François Lissarrague, *Héros et Dieux de l'Antiquité - Guide iconographique*, Paris, Flammarion, 1994, art. "*Icare*", "*Ixion*", "*Sisyphe*", "*Tantale*" et "*Tityos*", pp. 167, 275, 278 et 286-287.
[60]https://en.wikisource.org/wiki/The_Canterbury_Tales/The_Parson%27s_Prologue_and_Tale#First_part, "*First part*", §10.

conséquent se dresse donc contre lui, ou bien est accepté par lui, et donc devrait assumer ou reproduire les normes éthiques de Dieu lui-même?

Ainsi, bien que Chaucer exprime que ce sont les condamnés qui souffriront "*une horrible terreur sans fin*": "*Et pour qu'ils n'aient aucun espoir d'évasion, dit saint Job que, finalement, il y aura là horreur et horrible terreur sans fin.*", ce même malheur est attribué auparavant à tous les morts:

"*Now soothly, whoso wel remembreth hym of thise thynges, I gesse that his synne shal nat turne hym into delit, but to greet sorwe, for drede of the peyne of helle. And therfore seith Job to God: "suffre, Lord, that I may a while biwaille and wepe. Er I go withoute returnyng to the derke lord, covered with the derkenesse of deeth; to the lond of mysese and of derkenesse, whereas is the shadwe of deeth; whereas ther is noon ordre or ordinaunce, but grisly drede that evere shal laste.*"..."[61]

Si nous ne pouvons prétendre que *Les contes de Canterbury* est une œuvre religieuse, à la fois en raison du statut de courtisan et d'ambassadeur de Chaucer, et en raison de son importance, et en particulier de cette œuvre, et dans celle-ci de ce conte particulier, nous ne pouvons éviter de l'étudier comme révélateur de la compréhension que, dans la théologie chrétienne elle-même, nous avons du problème de Dieu et de ses attributs et compétences. En effet, non seulement, Chaucer cite ici *Job* X: 20-22[62], mais, en outre, le propre Chaucer interprète la mort comme une promesse de souffrance éternelle. De fait, le premier paragraphe cité se dérive du second dans le "*Conte du curé*", Chaucer en venant à blâmer le pécheur en commençant par assumer une faute collective et individuelle, presque obligatoire dans un détachement ou un autre de la loi divine, à travers, dans les deux cas, la citation de Job:

"*Loo, heere may ye seen that Job preyde repit a while, to biwepe and waille his trespas; for soothly oo day of respit is bettre than al the tresor of this world. And forasmuche as a man may acquiten hymself biforn God by penitence in this world, and nat by tresor, therfore sholde he preye to God to yeve hym respit a while to biwepe and biwaillen his trespas. For certes, al the sorwe that a man myghte make fro the bigynnyng of the world nys but a litel thyng at regard of the sorwe of helle.*
.../...*

---

[61]*Ibid.*
[62]Cf. Chaucer, *Los cuentos de Canterbury*, éd. et trad. de Pedro Guardía Massó, Madrid, Cátedra, 1987, 2009, note 556.

And for as muche as they shul nat wene that they may dyen for peyne, and by hir deeth flee fro peyne, that may they understonden by the word of Job, that seith, "ther as is the shadwe of deeth.'"[63]

Finalement, quel est le sens - ou la supposée logique - de l'enfer? Châtier les gens qui ne servaient à rien même dans la vie, en prolongeant, comme la prison, leur permanence dans l'univers?

N'est-ce pas leur faire trop d'honneur et leur porter un intérêt excessif?

Mais revenons à la question centrale, et acceptons un instant que n'est pas la consubstantiel de Dieu d'empêcher les actions humaines, bonnes ou mauvaises.

Nous sommes de nouveau confrontés au dilemme selon lequel ses deux principaux attributs sont:

1. L'éternité (et l'ubiquité);
2. Et le pouvoir absolu sur les choses et les êtres;

Pour ce que, si, comme les parents qui voient leurs enfants grandir et agir sans avoir un plus grand pouvoir de restriction dans leurs actions, le deuxième attribut lui est supprimé, seul le premier lui restera, ce qui n'est pas si simple à vérifier, à confirmer, ou valider, puisque, sauf métaphoriquement, nous ne sommes pas ses enfants au sens strict, étant ceux de nos parents biologiques, de sorte que sa création peut bien avoir eu lieu dans un premier moment, rien de plus.

Il est évident que nous obéissons à une loi supérieure, dont les caractéristiques sont ce qui détermine et justifie *a posteriori* nos actions, en ce sens que, vivant dans cette loi, nous supposons que c'est ce qui nous justifie, comme nous le voyons à la fin de la Deuxième Partie du subtil roman *Croc-Blanc* (1906) de Jack London:

"The cub's shoulder was stiff and sore, and for some time he limped from the terrible slash he had received. But the world now seemed changed. He went about in it with greater confidence, with a feeling of prowess that had not been his

---

[63]https://en.wikisource.org/wiki/The_Canterbury_Tales/The_Parson%27s_Prologue_and_Tale#First_part, "*First part*", §10.

in the days before the battle with the lynx. He had looked upon life in a more ferocious aspect; he had fought; he had buried his teeth in the flesh of a foe; and he had survived. And because of all this, he carried himself more boldly, with a touch of defiance that was new in him. He was no longer afraid of minor things, and much of his timidity had vanished, though the unknown never ceased to press upon him with its mysteries and terrors, intangible and ever-menacing.

He began to accompany his mother on the meat-trail, and he saw much of the killing of meat and began to play his part in it. And in his own dim way he learned the law of meat. There were two kinds of life--his own kind and the other kind. His own kind included his mother and himself. The other kind included all live things that moved. But the other kind was divided. One portion was what his own kind killed and ate. This portion was composed of the non-killers and the small killers. The other portion killed and ate his own kind, or was killed and eaten by his own kind. And out of this classification arose the law. The aim of life was meat. Life itself was meat. Life lived on life. There were the eaters and the eaten. The law was: EAT OR BE EATEN. He did not formulate the law in clear, set terms and moralise about it. He did not even think the law; he merely lived the law without thinking about it at all.

He saw the law operating around him on every side. He had eaten the ptarmigan chicks. The hawk had eaten the ptarmigan-mother. The hawk would also have eaten him. Later, when he had grown more formidable, he wanted to eat the hawk. He had eaten the lynx kitten. The lynx-mother would have eaten him had she not herself been killed and eaten. And so it went. The law was being lived about him by all live things, and he himself was part and parcel of the law. He was a killer. His only food was meat, live meat, that ran away swiftly before him, or flew into the air, or climbed trees, or hid in the ground, or faced him and fought with him, or turned the tables and ran after him."[64]

Ce qui nous ramène, en même temps, à l'idée que les hommes ont créé Dieu (pour justifier leurs instincts et leurs actions). En d'autres termes, et en oubliant un moment si Dieu existe ou pas, l'image que nous avons créée de Dieu nous sert, plus que toute autre chose, conformément à la thèse que nous recherchons des idées conventionnelles, consensuelles et facilement digérables pour accepter sans question ce que nous sommes, parce que c'est plus facile[65].

Et l'*Évangile de Luc* (4, 18-19):

"18 L'Esprit du Seigneur est sur moi
car il m'a oint
pour annoncer une bonne nouvelle aux pauvres.
Il m'a envoyé pour annoncer aux captifs la délivrance,
aux aveugles le recouvrement de la vue,
pour apporter la liberté aux opprimés

[64]Jack London, *White Fang*, New York, The Macmillan Company, 1911, Part II, "*Chapter V: The Law of Meat*", pp. 106-108.
[65]Référé au domaine, focal, de l'économie et de ses implications sociales, cf. Steven D. Levitt et Stephen J. Dubner, *Freakonomics*, Barcelona, Zeta, 2005, p. 86.

Montre parfaitement l'erreur logique que représente l'attention théologique ou la foi, puisque, dans cet extrait, si nous le comprenons au pied de la lettre, c'est faux: après le Christ, ils restent aveugles, opprimés, malades et pauvres, et si nous le comprenons allégoriquement sa puissance - et simplement sa signification - est très limitée, puisqu'elle nous ramènerait à la question de *voir la parole qui est lumière pour le chrétien, guérir la maladie de la fausse foi*, etc., c'est-à-dire une série d'incohérences.

Sur ce même thème, les miracles ne prouvent rien (marcher sur l'eau, multiplier les pains, guérir les aveugles ou ressusciter les morts), sauf le degré de divinité de celui qui les fait. En d'autres termes, ce sont des actes magiques, qui n'ont aucun sens sinon pour démontrer ce qui ne devrait pas avoir à être démontré, et par conséquent ils ne devraient pas devenir des articles de foi. Si Dieu est tout puissant, il devrait régner visiblement sur nous, et quand il apparaît, il ne fait que des miracles très petits et épisodiques, non reproductibles, afin de prouver sa réalité sous forme humaine, c'est-à-dire sous une forme qui ne se distingue pas de la nôtre[67]. Par conséquent, en opérant des miracles, il reconnaît l'impossibilité originelle de croire en lui hors des miracles, mais, en même temps, en les faisant, la foi la foi se résume à croire en des apparitions occasionnelles, des événements miraculeux momentanés, sans que puisse se démontrer, au-delà de ces moments précis, aucune activité divine perceptible. C'est encore à dire, si Dieu existe, il serait vraiment miraculeux que tous les morts reviennent à la vie, ou que tous les aveugles et les paralytiques soient guéris, ou que soudainement puissent s'ouvrir les eaux en permanence. Mais les

---

[66] https://www.biblegateway.com/passage/?search=Luc+4%3A18-19&version=BDS

[67] Nous avons montré, autour du thème du Père Noël (cf. "*Santa Clausula*", *El Nuevo Diario*, 27/12/1998, p. 10), mais cela s'étend à la religion en général (*Bruce Allmighty*, 2003, Tom Shadyac; *Legion*, 2010, Scott Stewart; *Devil's Gate*, 2017, Clay Staub; etc.), comment la question se réduit toujours, dans le cinéma états-unien, à l'affirmation de la croyance aux phénomènes non explicables (nous renvoyant ainsi à la soumission logique imposée *L'Imitation de Jésus-Christ*, c.1418-1427, de Thomas a Kempis, cf. encore N.-B. Barbe, "*La critique de la religion dans la première version du "Faust" de Goethe*", *Quipos*, No 125, Décembre 1994, pp. 10-16).

propres miracles auxquels on nous demande de croire n'arrivent qu'une seule fois. Dieu lui-même ne peut apparaître que sous une forme humaine éphémère, incapable de durer. Vraiment miraculeux serait que le Christ soit resté jusqu'à aujourd'hui parmi nous, non caché ou sous des formes nouvelles, telles que les divers messies musulmans, ou comme Highlander, mais comme ile même d'il y a deux mille ans.

Il faut pareillement reconnaître que l'idée même de la Vie Nouvelle, supposément donnée par le sacrifice de Jésus, n'a rien changé, c'est-à-dire que les crimes et l'injustice continuent d'être identiquement généralisés, la mort et les maladies n'ont pas disparues non plus, ainsi qu'assumant que soit historique la figure du Christ, rien dans sa geste ne changea concrètement rien au cours habituel des événements et de l'organisation sociale (sauf que l'Église Chrétienne en vint à remplacer progressivement la majorité des cultes antiques, en particulier dans ledit monde occidental - et à son tour, plus tard, sa séquelle musulmane dans les pays d'Afrique et du Moyen-Orient -). Pour ce qu'apparaît scientifiquement à l'analyse comme un non fait la preuve de l'action divine reconnue par la communauté des croyants, alors que l'existence historique des caractères prophétiques et messianiques reste sujette à caution.

Dieu est alors très petit dans ses miracles, ou ceux-ci sont très insuffisants pour être crédibles au-delà de la pure naïveté. Et ceci pour les deux raisons que nous venons de dire:

1. Ses miracles sont limités;
2. Et ils ne présentent aucune révélation réelle, contrairement à ce que l'Église veut nous faire croire, puisqu'ils sont seulement orientés à vérifier la divinité de celui qui les fait, ils sont alors, comme ceux des magiciens égyptiens, des actes magiques, non des miracles pour l'humanité. Pour preuve, ils n'ont causé aucun changement jusqu'à aujourd'hui, malgré ce qu'expriment, nous venons aussi de le rappeler, les textes bibliques

Mais plus que sur la cause, personne, à notre connaissance, n'a posé la question sur l'utilisation du miracle dans un sens fonctionnel précis. Nous sommes tous vaguement conscients que l'utilisation du miracle est de renforcer le pouvoir du chaman, du magicien, du prêtre ou du groupe religieux sur la société. Mais ce simple fait n'a jamais été clairement énoncé ou remarqué: le miracle, nous l'avons dit, ne prouve rien. Ce n'est qu'un fait magique qui sert à étonner, mais il ne peut, parce que ce n'est pas sa fonction, vérifier le caractère miraculeux du monde lui-même. Il ne montre qu'une habileté dans le pire des cas, celle du magicien, et dans le meilleur des cas une manifestation surnaturelle. Par conséquent, nous l'avons dit, il ne sert pas à renforcer la foi, car il n'a pas comme fonction, contrairement à ce qu'il prétend, d'améliorer la vie des fidèles, mais d'établir de façon limitée, parce qu'il ne peut pas faire plus, l'existence de la divinité. Le rôle central du principe d'évangélisation dans la théologie confirme ce fait.

Ainsi, la politique reprend à la religion sa manière d'agir (voir notre travail sur "*Les États et leurs Nations*").

L'inversion est flagrante:

Discours officiel:	Miracle	=	Preuve de foi
	Foi	=	Preuve du merveilleux dans la Nature
		=	(État permanent de Grâce)
		=>	Volonté organisatrice
Réalité:	Miracle	=	Fait surnaturel
	Fait surnaturel	=	Volonté organisatrice

L'ellipse perd le thème central, parce qu'elle ne peut pas le condenser.

La confusion est alors dans la fausse équivalence mathématique, inexistante, avec un oubli simple, puisqu'un fait isolé non reproductible ne peut valider la globalité de la proposition. Pour qu'il y ait une loi, il n'est pas suffisant qu'il n'y ait qu'une seule exception. Si elle sert à mettre à l'épreuve la norme, elle ne la crée pas. Ainsi, dans tous les cas, la règle ici est inexistence, dans un sens purement mathématique, pas l'existence.

On peut dire de même de l'*Ancien Testament*, avec les interprétations du rêve de Nabuchodonosor par Daniel. Non seulement elles représentent le pouvoir mystique (voir l'invisible, comprendre au-delà de ce que les autres peuvent faire, affirmer ainsi la présence de quelque chose au-delà de la compréhension humaine), mais en outre elles le mettent aussi directement en correspondence avec les mages babyloniens dont il est censé se distinguer: son rôle est de montrer, encore une fois, nous insistons sur ce concept, magiquement, la puissance de Dieu, au-delà de la compréhension collective.

D'où la grande différence entre le Dieu judéo-chrétien et les dieux antiques: alors que ceux-ci ne cherchaient pas à se justifier par des miracles, parce que leurs actions étaient produites par leurs désirs et leurs colères, qui représentaient, pour ainsi dire rapidement, les forces de la nature tout en leur donnant explication (les phénomènes externes: tonnerre, foudre, raz de marée, tremblement de terre, ..., viendraient d'êtres divins derrière eux - ce qui arriverait, donc, extensivement, pour les actions humaines: victoires ou défaites guerrières, récoltes, ... -), notre Dieu, qui, de manière impossible et incompréhensible pour la plupart, acquit et intégra toutes les caractéristiques des autres dieux, a besoin de valider en permanence son unique existence. Ses miracles se font donc petits, car ils deviennent démonstratifs, là où seulement les dieux antiques faisaient des miracles pour être des forces de la Nature (ce qui pourrait expliquer la tendance de notre époque depuis la théosophie jusqu'à l'intérêt hippye pour l'hindouisme polythéiste pour les forces élémentaires des sociétés primitives, en particulier envers l'ainsi appelée Terre Mère).

Dostoïevski l'exprime très clairement à la fin du chapitre VI de la Troisième Partie de *L'Idiot* (1869), lorsqu'il fait remarquer, dans la bouche du jeune Hippolyte:

"Pourtant, quelque désir que j'en eusse, jamais je n'ai pu me figurer qu'il n'y a ni vie future ni Providence. Le plus probable, c'est que tout cela existe, mais que nous ne comprenons rien à la vie future et à ses lois. Mais s'il est si difficile et même tout à fait impossible de comprendre cela, se peut-il que je sois coupable parce que je n'ai pu concevoir une chose qui dépasse l'entendement? À la vérité, ils disent et, sans doute, le prince comme les autres, qu'ici la

soumission est nécessaire, qu'il faut obéir sans raisonner et que ma docilité sera certainement récompensée dans l'autre monde. Nous rabaissons trop la Providence quand, par dépit de ne pouvoir la comprendre, nous lui prêtons nos idées. Mais, encore une fois, si l'homme ne peut la comprendre, il est inadmissible, je le répète, que cette inintelligence lui soit imputée à crime. Et, s'il en est ainsi, comment donc serai-je jugé pour n'avoir pas compris la véritable volonté et les lois de la Providence? Non, mieux vaut ne plus parler de la religion."[68]

La religion, basée sur le rituel, par sa nature répétitive (on le voit clairement dans la liturgie chrétienne et ses prières, comme en particulier dans le principe du rosaire), montre que cette expression: la religieuse, est de forme, non de sens.

La religion est donc reproduction et rituel, ou rituel et reproduction, en ordonnant mieux la cause et l'effet.

De même, l'exemple d'Agar et de l'oasis nous montre comment, par son unicité, la salvation devient un fait symbolique, non collectif ni pratique dans les récits bibliques. C'est-à-dire, seulement elle, dans cette situation, reçut la bénédiction d'une intercession divine, non pas tous ceux qui ont pu mourir de soif dans le désert, de sorte que sa salvation, supposément pratique et preuve irrémédiable de la divinité, devient un purement événement isolé, un événement dont l'on se souvient comme étant exceptionnel, par conséquent allégorique, de la salvation, ainsi que tous les événements racontés par la *Bible* (le Déluge, la Crucifixion, etc.).

Le concept de péché originel explique, pour la théologie judéo-chrétienne, la dis-grâce (ou absence/perte de grâce) pour l'humanité, mais ne dit pas clairement quel est ce péché. La *Bible*, on le sait, laisse seulement en induire à la cause, n'en relatant que la conséquence (la perte de l'innocence) et son mécanisme (manger le fruit défendu). Mais, en outre, la raison pour que la procréation, et l'acte sexuel lui-même, soit l'origine, la raison ou la conséquence d'un péché, et même en soit son sens et représente le contenu dudit acte de péché, pour très moral que cela puisse nous paraître à l'intérieur de notre système de pensée, préformé par des

---

[68]Fédor Dostoïevski, *L'Idiot*, Trad. de Victor Derély, Paris, Plon, 1887, T. II, p. 132.

siècles d'endoctrinement, est, si nous essayons de le mettre à plat, sans aucune raison logique: posons-le ainsi, depuis la même critique qui est faite des interdictions cinématographiques envers les enfants: pourquoi devrait-ce, plus que le crime d'assassinat (comme celui, de fait, consécutif, entre frères de Caïn contre Abel, par exemple, mais justifié par la louange à Dieu dans le cas des père et fils Abraham et Isaac) ou n'importe quel type de violence, être la sexualité qui devrait provoquer la colère divine? De fait, cette assomption n'est pas partagée par toutes les religions. Ni les antiques gréco-romaines en assumant que les prêtresses de Vénus et d'autres déesses devaient se donner toutes entières à la joyeuse prostitution, ni l'indienne se complaisant généreusement dans les postures, que reproduisent les temples, du *Kama Sutra*.

Une autre inquiétude qui peut attaquer l'ingénu, comme nous, en théologie est la question suivante, d'une certaine manière consubstantielle de ce qui précède: pourquoi, si les mythes sont si purs, leurs héros sont si impurs (pensons à Loth et ses filles, à David avec Bethsabée, la femme d'Urie le hittite)? Dit autrement, comment peut-on sérieusement, par conséquent, tirer de là une morale claire et générale? En effet, lu depuis la mythologie comparée, comme nous essayons de le faire partiellement ici, ces péchés des principaux héros de la *Bible* (Jésus lui-même, passif devant ses bourreaux, sortit avec une incroyable et contradictoire colère les marchands du Temple, nous proposant ainsi une lecture si complexe et inaudite similaire au problème du Péché originel, d'où la sanction symbolique devant le lieu réservé à une idée: Dieu-Logos, si l'on veut, est plus important que la torture du corps réel d'un autre être humain, ici aussi, soit-dit en passant, simplement pour dissensions idéologiques et, dans ce cas, plus précisément, théologiques, c'est tout simplement ridicule) ne semblent renvoyer qu'à des typologies interreligieuses macrostructurelles (Bethsabée et la femme d'Amphitryon[69]).

---

[69] Sur la cas de Noé, qui ouvre une multiplicité de renvois, cf. notre ouvrage sur Blanche-Neige.

Posé aussi depuis une autre perspective, non plus entre le bien absolu et le mauvais relatif, mais entre le réel concret et l'intentionnalité fictionnelle sur et autour du monde (ce que Caso a considéré, parmi beaucoup d'autres auteurs, comme la marque de la magie par opposition au religieux, supposément plus élaboré et moral, mais que nous considérons, de notre côté, en bloc comme une seule, même et unique expression de l'esprit humain, comme nous le débattons à continuation), la question de l'indulgence plénière révèle la question de la réalité du concept religieux dans son ensemble.

De fait, le croyant peut la gagner en priant et communiant quotidiennement, et *en libérant ainsi une âme du purgatoire par jour*.

À présent, le purgatoire est une création basse médiévale, la question est alors: comment le prêtre qui prêche l'indulgence plénière, les autorités religieuses qui l'incitent, ou le croyant qui connaît vraiment l'histoire de sa foi, peuvent considérer sérieusement que quelque chose de si récent, et donc non donné depuis l'éternité des temps, mais de toute évidence inventé tardivement, comment peuvent-ils sérieusement croire que puisse vraiment fonctionner une action en relation à une invention?

Autrement dit, comment peuvent-ils penser que quelqu'un peut être sauvé du purgatoire, s'il s'agit d'une invention tardive, donc manifestement fausse?

D'un autre côté, en proposant de sauver les âmes du purgatoire, c'est-à-dire encore, dans un monde inconnu, au-delà de nous, correspodant cela selon la théologie à *la plus grande charité qui se puisse faire*, comment peut s'offrir sincèrement cette action avec la misère réelle, palpable, généralisée, des personnes vivantes, et avec les malheurs que nous faisons souffrir à la planète et aux autres espèces?

Par conséquent, la religion ne cesse de nous apparaître comme une dérivation fictive, et fantasmatique, comme une évasion de la réalité, parallèle, et qui fonctionne en soi, dans un système fermé, éloigné de toute réalité concrète, semblable à tout autre type de paranoïa.

Pour cette raison (de relation dialectique mental, individuelle et collective, entre réalité et fantasme) il est courant dans des pays aussi religieux que le Nicaragua de voir des chauffeurs de bus qui, portant des déclarations de foi sur les côtés de leurs véhicules, n'oublient pas de pousser leurs passagers ou de renverser autant de piétons que possible.

8. Addendum: La question du libre arbitre

Tous les éléments précédents (structure répétitive des mythes entre eux, origine animiste de ceux-ci, ressources narratives des allusions à la figure divine pour prouver son existence même quand on suppose que les actions de ladite figure tendraient à la salvation universelle, manque de consistance des promesses de rédemption et de retour dans et à la terre dans les différentes religions) qui, s'ils ne nient pas l'existence de Dieu, réduisent statistiquement sa potentialité, trouvent un point focal d'augmentation de l'évaluation négative de l'existence de Dieu dans la question du libre arbitre.

Le point de départ de cette préoccupation est la dichotomie irréversible entre la réalité: le monde est injuste et les méchants ("*los vivos*" en termes nicaraguayens) réussisent souvent mieux que les bons (qui, par conséquent, seraient les morts), et mythologie religieuse qui nous parle de salvation au travers de l'amour et du respect à Dieu.

En d'autres termes, si Dieu est juste, entièrement parfait et entièrement bon, comment se fait-il qu'il nous ait faits si mauvais et si imparfaits?

Évidemment, cette préoccupation n'existe pas dans les religions, comme les antieques, dans lesquelles, comme nous l'avons dit, la relation entre l'image que l'on se faisait des dieux et les forces naturelles était beaucoup plus organique. Ainsi, si les dieux agissaient, c'était, à similitude des humains créés par eux, poussés par les passions. Nous le voyons dans tous les mythes grecs.

Par conséquent, la question, nous le voyons, part de l'idée que nos désirs sont ceux qui produisent le mal. La philosophie économique, des phénoménistes jusqu'au XIXe siècle, a été responsable du développement de cette préoccupation, déjà clairement exposée dans la *Genèse* avec le péché de Protoplastes. De même, c'est le désir qui a éloigné David de Dieu en particulier en péchant par adultère.

Cependant, cette préoccupation au sujet de la rémission des désirs n'est pas seulement le fait de la religion monothéiste, d'origine sémitique, puisqu'elle est aussi contemplée dans le bouddhisme, avec les Quatre Nobles Vérités qui illuminèrent Bouddha sous l'arbre de la Bodhi:

1. Toute existence est souffrance (duḥkha).
2. La source de la souffrance est l'envie (ou désir, soif, "*tanhā*").
3. La souffrance peut être éteinte, en éteignant sa cause.
4. Pour éteindre la cause de la souffrance, nous devons suivre le Noble Octuple Sentier.

Lequel se divise à son tour en trois grandes normes:

- (pali: paññā) Sagesse

1 (sanscrit: dṛṣṭi • pali: diṭṭhi) vision ou compréhension correcte

2 (saṃkalpa • saṅkappa) pensée ou détermination correcte

- (Sīla) Conduite éthique

3 (vāc • vācā) Parler correctement

4 (karmānta • kammanta) Agir correctement

5 (ājīva • ājīva) Moyens de vie corrects

- (samadhi) Entraînement intellectuel

6 (viāiāma • vāiāma) Effort correct

7 (smriti • sati) Être-Présent ou Conscience du moment correct

8 (samādhi • samādhi) Concentration ou Méditation correcte

Évidemment, une grave inconnue se présente à nous dans cette doctrine, valide, cette inconnue, aussi pour les versions judéo-chrétiennes de l'ascétisme, et pour les théories grecques du stoïcisme, ou, du moins, de la juste mesure en tout. Et cette inconnue est de savoir si vivre en ignorant les envies qui sont l'essence même de la vie et qui nous font marcher dans notre voyage quotidien est vraiment vivre.

Il est vrai, malheureusement, que les impulsions et les désirs sont pour la plupart égoïstes, et causent donc les maux aux autres, comme, dans l'insatisfaction aussi, envers soi-même. Et il est également vrai que la plupart des gens sont égoïstes et sans scrupule. Ce qui est, dans une certaine mesure, naturel, raison pour laquelle la théorie, en particulier économique, et aussi les thèses racistes contemporaines ont développé un engagement évident à leur interprétation de la loi darwinienne de l'adaptation et du plus fort. Même si celle-ci est loin d'expliquer beaucoup de choses (par exemple parce que la société humaine, beaucoup plus faible à tout point de vue que tout n'importe quel autre groupe animal, est celle qui domine la planète, et comment elle l'a fait en abandonnant ses outils de survie fondamentaux, qui sont à l'origine de la loi du plus apte, comme par exemple en perdant son pelage).

Même ainsi, il nous semble inapproprié, ou, disons, peu réaliste, de s'opposer à ce qui est le principal esprit de vie, donc impossible d'éteindre: le désir (de vivre, de s'améliorer, d'aller plus loin, etc.). raison sans doute pour laquelle, comme le rappellent Boccace et Chaucer, mais aussi Eric Frattini dans son livre sur *Los Papas y el Sexo*[70], il a toujours été impossible d'empêcher les propres religieux, y compris les Papes eux-mêmes, d'oublier leur désirs les plus fondamentaux.

Cette préoccupation sur comment il est possible qu'un Dieu de bonté crée des créatures maléfiques a dérivé dans la contrepartie naturelle, au moins dans notre société chrétienne (puisque, nous l'avons dit, ce problème ne pouvait pas être posé pour les Antiques, du moins pas en ces termes: le mal humain n'était qu'un problème moral, mais pas divin, puisque les dieux eux-mêmes agissaient sur la base de leurs émotions et de leurs pulsions primaires, de Bacchus au libidineux Zeus, ou aux colériques déesses féminines, ce qui était un fait accepté par tous, et les récits antiques

---

[70]Eric Frattini, *Los Papas y el Sexo* , Madrid, Espasa Calpe, 2010.

de leurs aventures nous le prouvent suffisamment): la question de savoir s'il existait vraiment une intelligence créatrice supérieure avec l'intention de l'humanité telle qu'elle existe.

Comme nous l'avons dit aussi, la question de l'existence de Dieu n'est pas tant un problème métaphysique que logique, puisqu'elle dépend, nous le voyons en comparant les religions, de la manière dont nous définissons Dieu, de quels attributs nous lui appliquons, et donc des qualités que nous voulons lui donner. Il est évident que, tout comme un dieu antique pouvait exister, même avec une mauvaise humanité, au milieu de ses propres passions, qui, au contraire, le justifiaient comme une explication sérieuse des lois naturelles (voir les personnifications de Charybde et Scylla), l'est aussi, aujourd'hui, que nous pouvons contempler l'idée d'un dieu qui ne soit compris que comme un organisme bactériologique originel, sans autre désir que l'inconscient de l'expansion, et considérer que ledit dieu-père a disparu depuis des millions d'années.

Mais la théologie chrétienne avait l'obligation, n'ayant rien qu'un seul dieu, et l'opposant aux esprits maléfiques qui étaient l'ensemble des autres dieux vénérés sur toute la côte méditerranéenne, de se demander, depuis le sectarisme judaïque extrême, hérité à ses filles que sont les fois chrétienne et musulmane, comme on peut le voir depuis le cas de l'assassinat d'Hypatie jusqu'aux terroristes suicidaires islamiques contemporains, en passant par l'Inquisition et le cas de la dictature israélienne (encore universellement approuvée) sur le territoire palestinien, la théologie chrétienne, disions-nous, avait l'imposition idéologique, pour auto-justifier sa prémisse (un seul dieu, entièrement bon, parfait, qui ne peut pas se tromper) de s'affronter à l'opposition suivante: pourquoi alors existons-nous comme nous sommes (mauvais, imparfaits, pécheurs, ...)?

"Il n'appartient qu'à une sagesse infinie et à un pouvoir sans bornes, dit-il, de balayer ainsi tout à coup de la surface de la terre une pareille multitude d'hommes; car Dieu seul sait quand il doit frapper ou retenir son bras."[71]

---

[71] *OEuvres de J.F. Cooper traduites par A.J.B. Defauconpret*, Paris, Furne et Cie, Charles Gosselin, 1846, T. V *Le Dernier des Mohicans*, p. 220. " *"Nothing but vast wisdom and unlimited power should dare to sweep off men in multitudes,"* he added; *"for it is only the one that can know the necessity of the judgment;..."* (James Fenimore Cooper, *The Last of the Mohicans: A Narrative of 1757*, Londres, John Miller, 1826, T. II, p. 155)

Cette phrase mise en bouche de l'un de ses héros par James Fenimore Cooper (*Le Dernier des Mohicans*, 1826, Cap. XVIII) révèle, comme la situation narrative du *Décaméron*, un sens illogique de quelque chose qui, néanmoins, nous paraît si clair et si évident: l'opposition entre le pouvoir absolu de Dieu et le limité (par la morale et la raison) de l'homme nous semble logique. Mais, précisément, c'est cela sans nous poser la question de la nécessité qu'il y ait un être supérieur qui décide de ces morts insensées. Autrement dit, nous supposons que si notre raison ne peut comprendre le désastre, il doit y avoir un autre esprit, supérieur, capable de le faire pour justifier ce à quoi, en fait, nous ne trouvons pas de raison.

Par conséquent, la question, de théologique, devient subitement psychologique, et notre inquiétude ne prouve pas l'existence d'un être supérieur; au contraire, elle ne sert rien d'autre qu'à révéler notre faiblesse devant les événements auxquels nous ne pouvons rien.

En augmentant les interdits et les faits reconnus comme péchés, jusqu'à la compulsivité paranoïaque (péché par acte, parole et même pensée), il était beaucoup plus difficile de vivre et de se concevoir en tant qu'humain devant cette divinité extraordinairement exigeante.

Pour ce que, étant ce que nous sommes, il était évident que le premier fondement de la question fut, ou devint, de savoir si réellement un dieu tellement dans l'erreur créateur de cette humanité telle qu'elle est pouvait sérieusement exister.

L'un des premiers à avoir répondu à cette question fut Saint Anselme de Canterbury qui, dans le *Proslogion*, s'exprime ainsi:

"*Ainsi donc, Seigneur, toi qui donnes l'intelligence à la foi, accorde-moi de comprendre, autant que tu le trouves bon, que tu es, comme nous le croyons, et que tu es tel que nous le croyons. Or, nous croyons que tu es quelque chose dont on ne peut rien concevoir de plus grand. Est-ce qu'une nature pareille n'existe pas, parce que l'insensé a dit dans son coeur: Dieu n'est pas (Ps., XIII, 1)? Mais certainement ce même insensé, lorsqu'il entend ce que je dis «quelque chose dont on ne peut concevoir de plus grand», comprend ce qu'il entend, et ce qu'il comprend est dans son intelligence, même s'il ne comprend pas que cela existe. En effet, avoir une chose dans la pensée n'est pas la même chose que comprendre que cette chose existe. Ainsi, lorsque le peintre réfléchit au tableau qu'il va faire, il l'a dans sa pensée; mais ne pense pas encore qu'il existe, parce qu'il ne l'a pas encore fait. Mais lorsqu'il l'a déjà peint, il l'a dans l'intelligence et comprend aussi que ce qu'il a fait existe. Or donc, l'insensé lui-même doit convenir qu'il y a dans l'intelligence quelque chose dont on ne peut rien concevoir de plus grand, parce que lorsqu'il entend cette expression, il la comprend, et tout ce que l'on comprend est dans l'intelligence. Et certainement ce dont on ne peut rien concevoir de plus grand ne peut être dans l'intellect seul. En effet, s'il n'était que dans l'intelligence, on aurait pu penser qu'il soit aussi en réalité: ce qui est plus. Or donc, si l'être dont on ne peut concevoir de plus grand est dans l'intelligence seule, cette même entité, dont on ne peut rien concevoir de plus grand, est quelque chose dont on peut concevoir quelque chose de plus grand: mais certainement, ceci est impossible. Par conséquent, il n'y a aucun doute que quelque chose dont on ne peut rien concevoir de plus grand existe et dans l'intelligence et dans la réalité.*

Et il est si véritablement que l'on ne peut même pas penser qu'il n'est pas. En effet, on peut concevoir quelque chose qu'on ne saurait concevoir comme non existant, ce qui est plus grand que ce que l'on peut concevoir comme non existant. Ainsi donc, si ce dont on ne peut rien concevoir de plus grand peut être conçu comme n'existant pas, ce même être dont on ne peut rien concevoir de plus grand n'est pas cet être dont on ne peut pas concevoir de plus grand: ce qui est contradictoire. Ainsi donc, cet être dont on ne peut pas concevoir de plus grand est d'une manière tellement véritable que l'on ne peut pas penser qu'il n'est pas. Et cet être, c'est toi, Seigneur notre Dieu, tu es donc d'une manière tellement vraie, ô Seigneur mon Dieu, que tu ne peux pas être pensé ne pas être, et pour cause. En effet, si un esprit quelconque pouvait concevoir quelque chose de meilleur que toi, la créature s'élèverait au-dessus du Créateur et jugerait son Créateur: ce qui est parfaitement absurde. D'ailleurs, tout ce qui est autre que toi seul peut être pensé ne pas être. Toi seul, par conséquent, possèdes l'être de la manière la plus vraie et par là même la plus haute de tout; car tout ce qui n'est pas toi n'est pas d'une manière aussi vraie, et par là même à un être moindre. Pourquoi donc l'insensé a-t-il dit dans son coeur: «Dieu n'est pas», lorsqu'il est si clair pour un esprit rationnel que tu existes plus que tous les autres? Pourquoi, sinon parce qu'il est stupide et insensé?

Mais comment l'insensé a-t-il dit dans son coeur ce qu'il n'a pu penser? ou comment n'a-t-il pas pu penser ce qu'il a dit dans son coeur? puisque c'est la même chose, dire dans son coeur et penser. Or, si véritablement, et même, puisque véritablement, il l'a pensé, car il l'a dit dans son coeur et, en même temps, ne l'a pas dit dans son coeur, parce qu'il n'a pas pu le penser; ce n'est donc pas d'une seule manière que quelque chose est dit dans le coeur, ou est pensé. En effet, ce n'est pas de la même manière que l'on pense une chose, lorsque l'on pense le mot qui la signifie, et lorsque l'on comprend l'essence même de la chose. Or, de la première manière on peut penser que Dieu n'est pas, mais nullement de la seconde. Ainsi, personne, comprenant ce qu'est Dieu, ne peut penser que Dieu n'est pas, bien qu'il puisse dire ces mots dans son coeur, soit sans aucune signification, soit en leur donnant quelque signification étrangère. En effet, Dieu est celui dont on ne peut rien concevoir de plus grand. Celui qui comprend bien ceci comprend parfaitement qu'il est d'une manière telle que l'on ne peut même pas penser qu'il ne soit pas. Par conséquent, celui qui comprend que Dieu est d'une telle manière ne peut pas penser qu'il n'est pas. Grâces te soient rendues, Seigneur! Car ce que j'ai cru jusqu'ici par ton don, maintenant je le comprends par ta lumière de telle façon que, même si je ne voulais pas croire que tu existes, je n'aurais pas pu ne pas le comprendre."[72]

Répondu par Gaunilon, moine de l'abbaye de Marmoutiers et contemporain d'Anselme, dans son *Liber pro insipiente*:

"Livre pour l'insensé contre le raisonnement de saint Anselme dans le Prologue, par Gaunilon, auteur, moine d'un très grand monastère.

---

[72]Saint Anselme de Canterbury, *Sur l'existence de Dieu (Proslogion)*, 1078, trad. Alexandre Koyré, Paris, Librairie Philosophique J. Vrin, 1930, Ch. II-IV, pp. 13-17.

1. *A celui qui doute qu'il soit ou qui nie qu'il soit une nature telle qu'on ne peut rien penser de plus grand, on dit pourtant premièrement qu'elle est à partir de ceci: que celui qui la nie ou la conteste, l'a déjà dans l'intellect, puisqu'en l'entendant dire, il comprend ce qu'on dit; ensuite, parce qu'il est nécessaire que ce qu'il comprend ne soit pas seulement dans l'intellect mais aussi dans la réalité. Et on le prouve ainsi: parce qu'il est plus grand d'être dans l'intellect et dans la réalité, que dans le seul intellect. Et, si ce n'est que dans l'intellect, tout ce qui aura été dans la réalité sera aussi plus grand que lui; et ainsi le plus-grand-que-tout sera plus petit que quelque chose, et ne sera pas le plus-grand-que-tout, ce qui est certes contradictoire. Et ainsi il est nécessaire que le plus-grand-que-tout, dont on a déjà prouvé qu'il est dans l'intellect, ne soit pas que dans l'intellect, mais aussi dans la réalité, puisque, autrement, il ne pourra être le plus-grand-que-tout.*

2. *Peut-être qu'on peut répondre qu'on dit qu'il est déjà dans mon intellect pour aucune autre raison sinon parce que je comprends ce qu'on dit. Est-ce qu'on ne pourrait pas dire aussi que j'ai pareillement dans l'intellect n'importe quelles choses fausses et n'existant en elles-mêmes d'absolument aucune manière, parce que, si quelqu'un les disait, je comprendrais tout ce qu'il dirait? Sauf peut-être s'il est établi que cette chose est telle qu'elle ne peut être contenue dans la pensée de la même manière que les choses fausses ou douteuses; et qu'ainsi on ne dit pas que je pense cette chose que j'ai entendue ou que je l'ai dans la pensée, mais que je la comprends et que je l'ai dans l'intellect, à savoir parce que je ne peux pas la penser autrement qu'en comprenant, c'est-à-dire en saisissant par la science, que cette chose existe dans la réalité? Mais, si cela est, premièrement, certes, ce ne sera pas ici une chose (antérieure dans le temps) d'avoir une chose dans l'intellect, et une autre (postérieure dans le temps) de comprendre que la chose est, comme il arrive de la peinture, qui est d'abord dans l'âme du peintre, et ensuite dans l'œuvre. Ensuite, il ne pourra guère jamais être croyable, quand on aura dit et entendu cette chose, qu'on ne puisse penser qu'elle n'est pas de la même manière qu'on peut aussi penser que Dieu n'est pas. Car, si on ne le peut pas, pourquoi avoir entrepris toute cette discussion contre celui qui nie ou doute qu'il y ait une telle nature? Enfin, que cette chose soit telle qu'on ne puisse, sitôt pensée, que la percevoir d'un intellect certain de son indubitable existence, il faut me le prouver par un argument indubitable, et non par ceci: que cette chose est déjà dans mon intellect quand je comprends ce que j'ai entendu; car j'estime encore que peuvent pareillement y être n'importe quelles autres choses incertaines ou même fausses dites par quelqu'un dont je comprendrais les mots; et même plus, si je les croyais en étant trompé, comme il arrive souvent, moi qui ne crois pas encore cette chose.*

3. *D'où il suit que cet exemple du peintre qui a déjà dans l'intellect la peinture qu'il va faire, ne peut convenir suffisament à cet argument. En effet, cette peinture, avant d'être faite, est dans l'art même du peintre; et une telle chose, dans l'art d'un artiste, n'est rien d'autre qu'une certaine partie de son intelligence; car, comme le dit aussi saint Augustin), quand l'artisan va faire un coffre dans un ouvrage, il l'a d'abord dans son art: le coffre qui se fait dans l'ouvrage, n'est pas vie; le coffre qui est dans l'art, est vie, parce qu'elle vit, l'âme de l'artiste, dans laquelle sont toutes ces choses avant d'être produites. En effet, comment et pourquoi ces choses sont-elles vie dans l'âme vivante de l'artiste, sinon parce qu'elles ne sont rien d'autre que la science ou l'intelligence de l'âme même? Mais, pour tout ce qui (à part ce qu'on sait appartenir à la nature même de l'âme) est perçu comme vrai par l'intellect, soit qu'on l'entende soit qu'on le pense, une chose, sans aucune doute, est ce vrai, une autre est l'intellect même par lequel elle est saisie; par conséquent, même s'il est vrai qu'est quelque chose qu'on ne puisse rien penser de plus grand, néanmoins, cette chose entendue et comprise n'est pas comme la peinture pas encore faite dans l'intellect du peintre.*

4. *A cela s'ajoute ce qu'on a blâmé plus haut; à savoir que ce plus-grand-que-tout-ce-qu'on-peut-penser, dont on dit qu'il ne peut être rien d'autre que Dieu lui-même, je ne peux pas, une fois entendu, le penser selon une chose connue de moi soit par l'espèce soit par le genre, ou l'avoir dans l'intellect, pas plus que je ne le peux de Dieu lui-même, dont, d'ailleurs, je peux aussi, et pour la même raison, penser qu'il n'est pas. Et, en effet, ni je ne connais la chose même qui est Dieu ni je ne peux la conjecturer à partir d'une autre semblable, puisque toi aussi tu l'affirmes telle que rien ne*

puisse lui être semblable. Car, si, d'un homme tout à fait inconnu de moi, dont j'ignorerais même qu'il est, j'entendais pourtant dire quelque chose, par cette connaissance spécifique ou générique par laquelle je sais ce qu'est un homme ou des hommes, je pourrais le penser aussi selon la chose même qu'est un homme; or il pourrait pourtant se faire que cet homme que je penserais ne soit pas, celui qui m'aura parlé ayant menti; bien que, pourtant, je le pensasse selon une chose néanmoins vraie, non celle que serait cet homme, mais celle qu'est n'importe quel homme. Et ce n'est donc pas de la façon dont j'aurais dans la pensée ou dans l'intellect cette chose fausse, que je peux avoir cette autre, à savoir quand j'entends dire: Dieu, ou: quelque chose de plus grand que tout, puisque, alors que je peux penser l'une selon une chose vraie et connue de moi, je ne peux absolument pas penser cette autre, sinon seulement selon le mot, selon lequel seul on ne peut guère ou même jamais penser quoi que ce soit de vrai. Or, puisque, quand on pense ainsi, on ne pense pas tant le mot lui-même (qui de fait est une chose vraie, c'est-à-dire un son en lettres ou en syllabes), qu'on ne pense le sens du mot qu'on entend, mais pas comme il est pensé par celui qui sait ce qu'on désigne d'ordinaire par ce mot, à savoir le sens par lequel on pense selon la chose, bref dans la seule pensée vraie, mais comme il est pensé par celui qui ne le sait pas, et qui pense seulement selon le mouvement de l'âme produit par l'audition de ce mot, et s'efforçant de se figurer le sens du mot perçu: il est étonnant si jamais il l'a pu selon la vérité du réel. Il est donc établi que c'est ainsi, et pas du tout autrement, que je l'ai encore dans mon intellect, quand j'entends dire et comprends qu'est quelque chose de plus grand que tout ce qu'on peut penser; voilà au sujet de ce qu'on dit que cette nature souveraine est déjà dans mon intellect.

5. Et, que cette nature est non seulement dans l'intellect, mais aussi nécessairement dans la réalité, on me le prouve comme suit: parce que, si elle n'y était pas, tout ce qui est dans la réalité sera plus grand qu'elle; et par là elle ne sera pas ce plus-grand-que-tout qu'on a prouvé être déjà de fait dans l'intellect. Je réponds encore: S'il faut dire qu'est aussi dans l'intellect ce qu'on ne peut pourtant pas penser selon la vérité d'une chose, je ne nie pas que cette chose soit aussi dans le mien de cette manière. Mais, parce qu'on ne peut nullement obtenir par là qu'elle est aussi dans la réalité, je ne lui accorde pas encore complètement cet être, jusqu'à ce qu'on me l'ait prouvé par un argument indubitable; et celui qui dit qu'elle est parce qu'autrement le plus-grand-que-tout ne sera pas le plus-grand-que-tout, ne fait pas assez attention à qui il parle. Moi, en effet, je ne dis pas encore, bien plus je nie même ou doute qu'elle soit plus grande qu'aucune chose vraie, et je ne lui concède pas d'autre être que celui dont il s'agit, s'il faut parler d'être, quand l'âme s'efforce de se figurer une chose qui lui est complètement inconnue à partir seulement du mot entendu. Comment donc me prouve-t-on de là que cette chose subsiste selon la vérité du réel parce qu'il est établi qu'il est le plus-grand-que-tout, alors que moi je le nie encore ou j'en doute, au point de ne même pas dire que ce plus-grand est dans mon intellect ou ma pensée, sinon de la manière dont y sont aussi beaucoup de choses douteuses et incertaines. En effet, il est d'abord nécessaire de me rendre certain que ce plus-grand est en fait quelque part, et alors seulement, de ce qu'il est plus grand que tout, il ne sera pas douteux qu'il subsiste aussi en lui-même.

6. Par exemple, certains disent qu'il est quelque part dans l'océan une île qu'à cause de la difficulté ou plus de l'impossibilité de trouver ce qui n'est pas, on surnomme l'île perdue, et dont on raconte qu'elle recèle, beaucoup plus qu'on ne le rapporte des îles fortunées, d'une inestimable abondance de toutes richesses et de tous délices, et que, n'ayant aucun possesseur ou habitant, elle l'emporte partout, par la surabondance des choses à posséder, sur toutes les autres terres qu'habitent les hommes. Que quelqu'un me dise qu'il en est ainsi, et je comprendrai facilement ce qu'il m'aura dit, en quoi il n'est rien de difficile. Mais, s'il ajoute alors, comme par voie de conséquence, et dit: Tu ne peux plus douter que cette île supérieure à toutes les terres est vraiment quelque part dans la réalité, elle dont tu ne contestes pas qu'elle est aussi dans ton intellect; et, parce qu'il est supérieur de ne pas être dans le seul intellect mais aussi dans la réalité; il est ainsi par suite nécessaire qu'elle soit; car, si elle n'est pas, n'importe quelle autre terre qui est dans la réalité, sera supérieure à elle, et ainsi cette île déjà comprise par toi comme supérieure, ne sera pas supérieure. Si, dis-je, il veut me convaincre par là qu'il ne faut plus contester de cette île qu'elle est vraiment, ou bien je croirai qu'il plaisante

ou bien je ne sais pas qui je devrai considérer comme le plus stupide, de moi, si je le lui concédais, ou de lui s'il se figure avoir prouvé avec quelque certitude l'existence de cette île, à moins qu'il n'aie d'abord montré que la supériorité même de cette île n'est dans mon intellect qu'à la manière d'une chose existant vraiment et indubitablement, et nullement à la manière de quelque chose de faux ou d'incertain.

7. Voilà ce qu'en attendant cet insensé répondra aux objections; et, quand on lui affirme ensuite que ce plus-grand est tel qu'il ne peut pas ne pas être, pas même pour la seule pensée, et qu'on ne le prouve à nouveau à partir de rien d'autre que de ce qu'autrement il ne sera pas plus grand que tout, il pourra faire la même réponse et dire: Quant à moi, quand donc ai-je dit, selon la vérité du réel, qu'est quelque chose de tel, c'est-à-dire de plus grand que tout, pour qu'on doive me prouver par là que cette chose est aussi réellement, au point qu'on ne puisse même pas penser qu'elle n'est pas? Aussi il faut d'abord prouver par un argument très certain qu'il est une nature supérieure, c'est-à-dire plus grande et meilleure que tout ce qui est, pour que nous puissions prouver par là toutes les autres choses dont il est nécessaire que ce qui est plus grand et meilleur que tout ne manque pas. Et, quand on dit qu'on ne peut pas penser que cette chose suprême n'est pas, peut-être dirait-on mieux qu'on ne peut pas comprendre qu'elle n'est pas ou même qu'elle ne peut être; car, selon le sens propre à ce mot, on ne peut comprendre les choses fausses, lesquelles on peut certes penser de la manière dont l'insensé a pensé que Dieu n'est pas. Et je sais en toute certitude que moi aussi je suis, mais je sais néanmoins que je peux aussi ne pas être; mais, cette chose suprême qu'est Dieu, je comprends indubitablement et qu'elle est et qu'elle ne peut pas ne pas être. Quant à penser que je ne suis pas, aussi longtemps que je sais en toute certitude que je suis, j'ignore si je le pourrais; mais, si je le peux, pourquoi pas aussi le penser de tout ce que je sais d'autre avec la même certitude? Mais, si je ne le peux, cela ne sera pas alors propre à Dieu.

8. Le reste de ce petit livre est exposé avec tant de véracité et tant de clarté et de magnificence, enfin est rempli de tant d'utilité et parfumé d'une certaine senteur intime d'affect pieux et saint, qu'il ne faut d'aucune manière les dédaigner à cause de ces choses qui, au début, ont certes été droitement senties, mais moins solidement argumentées, mais il faut plutôt argumenter ces dernières de façon plus robuste, et accueillir le tout avec une vénération et une louange immenses."[73]

Relativement courte l'objection de Gaunilon, la réponse d'Anselme, au contraire, sera longue, dans son *Liber apologeticus*:

"*Livre apologétique de saint Anselme contre Gaunilon répondant pour l'insensé*

Puisque celui qui me reprend dans ces propos n'est pas cet insensé contre qui j'ai parlé dans mon opuscule, mais quelqu'un de non insensé et de catholique parlant pour l'insensé, il peut me suffire de répondre au catholique.

Chapitre premier - Le raisonnement de l'adversaire est réfuté dans sa généralité; et on montre que ce qu'on ne peut rien penser de plus grand, est réellement.

Tu dis donc (qui que tu sois, toi qui dis que l'insensé peut le dire) que, dans l'intellect, quelque chose qu'on ne peut rien penser de plus grand, n'est pas autrement que ce qu'on ne peut pourtant penser selon la vérité d'aucune chose; et que ce que je dis qu'on ne peut rien penser de plus grand, de ce que c'est dans l'intellect, il ne suit pas plus que c'est aussi dans la réalité, qu'il ne suit que l'île perdue existe en toute certitude de ce que, quand on la lui décrit avec des mots, l'auditeur ne conteste pas qu'elle est dans son intellect. Mais moi je dis: Si ce qu'on ne peut penser de plus grand, n'est pas compris ou pensé et n'est pas dans l'intellect ou la pensée, assurément Dieu ou bien n'est pas ce qu'on ne peut

[73]http://www.pluie-sur-la-lune.com/philosophie-anselme-gaunilon.html

penser de plus grand ou n'est pas compris ou pensé, et n'est pas dans l'intellect ou la pensée. *Combien c'est faux, j'en appelle à ta foi et à ta conscience comme au plus solide argument. Donc ce qu'on ne peut penser de plus grand, est vraiment compris et pensé, et est dans l'intellect et la pensée. Aussi ou bien les arguments par lesquels tu t'efforces de prouver le contraire, ne sont pas vrais, ou bien il ne suit pas d'eux ce que tu es d'avis d'en conclure par voie de conséquence.*

Quant à ce que tu penses: que, de ce qu'on comprend quelque chose qu'on ne peut penser de plus grand, il ne suit pas que cette chose est dans l'intellect, et que, si elle est dans l'intellect, il ne suit pas pour cela qu'elle est dans la réalité, - moi je dis certes: eh bien, si on peut penser qu'elle est, il est nécessaire qu'elle soit. Car ce qu'on ne peut penser de plus grand, ne peut être pensé que sans commencement. Or tout ce qu'on peut penser être et qui n'est pas, c'est par un commencement qu'on peut le penser être. Il n'est donc pas possible qu'on pense qu'est ce qu'on ne peut penser de plus grand et qu'il ne soit pas. Donc, si on peut penser qu'il est, de toute nécessité il est.

Bien plus. Eh bien, de fait, si on peut le penser, il est nécessaire qu'il soit. En effet, aucun de ceux qui nient ou doutent que soit quelque chose qu'on ne peut penser de plus grand, ne nie ou ne doute que, s'il était, il ne pourrait ne pas être ni en acte ni en intellect. Car autrement il ne serait pas ce qu'on ne pourrait penser de plus grand; mais tout ce qu'on peut penser et qui n'est pas, pourrait, s'il était, ne pas être ou en acte ou en intellect. Aussi, donc, si on peut le penser, ce qu'on ne peut penser de plus grand, ne peut pas ne pas être. Mais posons qu'il ne soit pas, si même on peut le penser. Or rien de ce qu'on peut penser et qui n'est pas, ne serait, s'il était, ce qu'on ne peut penser de plus grand. Donc, s'il était ce qu'on ne peut penser de plus grand, il ne serait pas ce qu'on ne peut penser de plus grand; ce qui est trop absurde. Il est donc faux que ne soit pas quelque chose qu'on ne peut penser de plus grand, si on peut le penser; aussi c'est encore bien plus faux si on peut le comprendre ou s'il peut être dans l'intellect.

Je dirai quelque chose de plus. Il est hors de doute que, tout ce qui n'est pas en quelque endroit ou à quelque moment, même s'il est en un autre endroit ou à un autre moment, on peut pourtant penser qu'il n'est jamais ni nulle part, de même qu'il n'est pas en quelque endroit ou à quelque moment. Car qui n'était pas hier mais est aujourd'hui, de même qu'on comprend qu'il n'était pas hier, de même on le peut supposer n'être jamais; et qui n'est pas ici, et est ailleurs, de même qu'il n'est pas ici, de même on le peut penser n'être nulle part. Pareillement, ce dont certaines parties ne sont pas là où ou quand d'autres de ses parties sont, on peut penser que toutes ses parties et par suite le tout lui-même ne sont jamais ni nulle part. Car, même si on disait que le temps est toujours et le monde partout, le temps n'est pourtant pas toujours tout entier ni le monde partout tout entier; et, de même que certaines parties du temps ne sont pas quand d'autres sont, de même on peut penser qu'elles ne sont jamais; et, de même que certaines parties du monde ne sont pas où d'autres sont, de même on peut supposer qu'elles ne sont nulle part; mais ce qui est composé de parties, peut aussi être dissous par la pensée et ne pas être. Aussi tout ce qui n'est pas tout entier en un endroit ou à un moment, même s'il est, peut être pensé ne pas être. Or ce qu'on ne peut penser de plus grand, s'il est, on ne peut pas le penser ne pas être, sans quoi, s'il est, il n'est pas ce qu'on ne peut penser de plus grand, ce qui est contradictoire. Donc, il ne se trouve nullement qu'il ne soit pas tout entier en un endroit ou à un moment, mais il est toujours et partout tout entier.

Ne crois-tu pas que ce dont on comprend ces choses, puisse être pensé ou compris, ou être dans la pensée ou l'intellect? En effet, si on ne le peut pas, on ne peut comprendre ces choses de lui. Que, si tu dis que ce qui n'est pas complètement compris, n'est pas compris et n'est pas dans l'intellect, dis aussi que celui qui ne peut regarder la très pure lumière du soleil, ne voit pas la lumière du jour, qui n'est que la lumière du soleil. Et certes, que ce qu'on ne peut penser de plus grand, soit compris et soit dans l'intellect, il l'a bien fallu jusqu'ici, pour qu'on comprenne ces choses de lui.

Chapitre 2 - On serre de plus près le raisonnement proposé, et on montre qu'on peut penser et par suite qu'est aussi ce qu'on ne peut penser de plus grand.

Aussi j'ai dit, dans l'argumentation que tu reprends, que l'insensé, quand il entend proférer ce qu'on ne peut penser de plus grand, comprend ce qu'il entend. En tout cas, celui qui ne le comprend pas, si on le lui dit dans une langue qu'il connaît, ou bien n'a aucune intelligence ou bien l'a trop obtuse.

Ensuite, j'ai dit que, si on le comprend, c'est dans l'intellect. N'est-ce dans aucun intellect, ce qu'on a montré être dans la vérité du réel? Mais tu dis que, même s'il est dans l'intellect, il ne s'en suit pourtant pas qu'on le comprenne. Vois donc que, de ce qu'on le comprend, il s'en suit qu'il est dans l'intellect. En effet, de même que ce qu'on pense, on le pense par la pensée, et que ce qu'on pense par la pensée, est dans la pensée tout autant qu'on le pense, de même, ce qu'on comprend, on le comprend par l'intelligence, et ce qu'on comprend par l'intelligence, est dans l'intellect tout autant qu'on le comprend. Quoi de plus clair que cela?

Puis, j'ai dit que, si même il est dans le seul intellect, on peut le penser être aussi dans la réalité, ce qui est plus grand. Donc, s'il n'est que dans l'intellect, à savoir cela même qu'on ne peut penser de plus grand, est tel qu'on peut penser plus grand: quoi de plus conséquent, je le demande? En effet, s'il n'est que dans l'intellect, est-ce qu'on ne peut pas penser qu'il soit aussi dans la réalité? Ou, si on le peut, est-ce que celui qui le pense, ne pense pas quelque chose de plus grand que lui, s'il n'est que dans l'intellect? Donc, quoi de plus conséquent que, si ce qu'on ne peut penser de plus grand, n'est que dans l'intellect, il est tel qu'on peut penser plus grand? Mais certes ce qu'on peut penser plus grand, n'est dans aucun intellect ce qu'on ne peut penser de plus grand. Donc, est-ce qu'il ne s'en suit pas que, si ce qu'on ne peut penser de plus grand, est dans un intellect, n'est pas que dans l'intellect? En effet, s'il n'est que dans l'intellect, il est tel qu'on peut penser plus grand, ce qui est contradictoire.

Chapitre 3 - A la demande de l'adversaire: qu'il s'en suivrait qu'une île fictive est dans la réalité parce qu'on la pense.
Mais c'est, dis-tu, comme si, parlant d'une île de l'océan qui l'emporte sur toutes les terres par sa fertilité, et qu'on nomme l'île perdue à cause de la difficulté, mieux de l'impossibilité de trouver ce qui n'est pas, quelqu'un disait qu'on ne peut douter qu'elle est vraiment dans la réalité, parce qu'on comprend facilement la description qui en est faite par des mots. Je dis en toute confiance que, si quelqu'un me trouve, à part ce qu'on ne peut penser de plus grand, quelque chose d'existant ou dans la réalité ou seulement dans la pensée, à quoi puisse s'appliquer l'enchaînement de mon argumentation, je lui trouverai et lui donnerai l'île perdue, afin qu'elle ne soit pas davantage perdue. Or il semble déjà manifeste qu'on ne peut pas penser que ce qu'on ne peut penser de plus grand, n'est pas, parce qu'il existe par une raison si certaine de la vérité; autrement, en effet, il n'existerait nullement. Enfin, si quelqu'un dit qu'il pense que cette chose n'est pas, je dis qu'alors, quand on le pense, ou bien on pense ou bien on ne pense pas quelque chose qu'on ne peut penser de plus grand. Si on ne le pense pas, on ne pense pas que n'est pas ce qu'on ne pense pas. Mais, si on le pense, on pense du coup quelque chose qu'on ne peut même pas penser n'être pas. En effet, si on peut le penser n'être pas, on peut le penser avoir un commencement et une fin; mais ce n'est pas possible. Donc, celui qui le pense, pense quelque chose qu'on ne peut même pas penser n'être pas; mais celui qui le pense, ne le pense pas n'être pas; autrement, il pense ce qu'on ne peut penser. On ne peut donc penser que ce qu'on ne peut penser de plus grand, n'est pas.

Chapitre 4 - Différence entre pouvoir être pensé et être compris n'être pas.
Quant à ce que tu dis: que, quand on dit qu'on ne peut penser que cette chose suprême n'est pas, peut-être vaudrait-il mieux dire qu'on ne peut comprendre qu'elle n'est pas ou même qu'elle puisse ne pas être: il fallait plutôt dire qu'on ne peut la penser. En effet, si j'avais dit qu'on ne peut comprendre que cette chose n'est pas, peut-être que toi qui dis qu'on ne peut, selon le sens propre à ce mot, comprendre les choses fausses, tu objecterais qu'il n'y a rien de ce qui est dont on puisse comprendre qu'il n'est pas; en effet, il est faux que ce qui est, ne soit pas; aussi il ne serait pas propre à Dieu qu'on ne puisse comprendre qu'il n'est pas. Que, si on peut comprendre qu'une de ces choses qui sont en toute certitude, n'est pas, pareillement, on peut comprendre aussi que les autres choses certaines ne sont pas. Mais on ne peut certes pas

l'objecter à la pensée, si on considère bien la chose. Car, même si on ne peut comprendre d'aucunes choses qui sont, qu'elles ne sont pas, on peut pourtant penser qu'elles ne sont pas, sauf ce qui est suprêmement. Et certes on peut penser que ne sont pas toutes les choses, et elles seules, qui ont un commencement ou une fin ou sont composées de parties, ainsi que, comme je l'ai déjà dit, tout ce qui n'est pas tout entier en un endroit ou à un moment. Mais on ne peut penser que n'est pas cela seul en quoi aucune pensée ne trouve ni commencement ni fin ni composition de parties et qui n'est toujours et partout que tout entier.

Sache donc que tu peux penser que tu n'es pas, aussi longtemps que tu te sais être en toute certitude, et je m'étonne que tu aies dit l'ignorer. Car, de beaucoup de choses que nous savons être, nous pensons qu'elles ne sont pas; et, de beaucoup de choses que nous savons n'être pas, nous pensons qu'elles sont; non pas en estimant mais en feignant qu'il en est comme nous le pensons. Et certes nous pouvons penser qu'une chose n'est pas, aussi longtemps que nous savons qu'elle est, parce que, tout à la fois, et nous pouvons cela et nous savons ceci; et nous ne pouvons penser qu'une chose n'est pas aussi longtemps que nous savons qu'elle est, parce que nous ne pouvons penser qu'à la fois, elle est et n'est pas. Donc, si quelqu'un distingue ces deux sens de cet énoncé, il comprendra qu'on ne peut penser de rien qu'il n'est pas aussi longtemps qu'on sait qu'il est; et qu'on peut penser que tout ce qui est, sauf ce qu'on ne peut penser de plus grand, n'est pas, même quand on le sait être. Ainsi donc, et il est propre à Dieu qu'on ne puisse penser qu'il n'est pas, et pourtant il est beaucoup de choses dont on ne peut penser qu'elles ne sont pas aussi longtemps qu'elles sont. Or je crois avoir assez dit dans ce petit livre comment on dit qu'on pense que Dieu n'est pas.

Chapitre 5 - Discussion spéciale de divers propos de l'adversaire, et d'abord qu'il a rapporté au début de manière infidèle le raisonnement qu'il entreprend de réfuter.

Mais, quant aux autres objections que tu m'objectes pour l'insensé, il est facile de le réfuter, même à quelqu'un de guère savant, et par suite j'avais estimé devoir m'abstenir de le montrer. Mais, comme j'entends dire qu'ils semblent avoir quelque valeur contre moi auprès de certains de ceux qui les lisent, je les évoquerai brièvement.

D'abord, ce que tu répètes souvent que je dis: que ce qui est plus grand que tout, est dans l'intellect; et, s'il est dans l'intellect, il est aussi dans la réalité; autrement, en effet, le plus-grand-que-tout ne serait pas le plus-grand-que-tout. Dans tous mes propos, nulle part on ne trouve une telle preuve. En effet, il ne revient pas au même de dire le plus-grand-que-tout et ce qu'on ne peut penser de plus grand pour prouver que ce qu'on dit est dans la réalité. En effet, si quelqu'un dit que ce qu'on ne peut penser de plus grand, n'est pas quelque chose dans la réalité, ou bien peut ne pas être, ou même peut être pensée n'être pas, on peut le réfuter facilement. Car ce qui n'est pas, peut n'être pas, et ce qui peut n'être pas, on peut le penser n'être pas. Or tout ce qu'on peut penser n'être pas, s'il est, n'est pas ce qu'on ne peut penser de plus grand; et s'il n'est pas, même s'il était, il ne serait pas ce qu'on ne peut penser de plus grand. Mais on ne peut dire que ce qu'on ne peut penser de plus grand, s'il est, n'est pas ce qu'on ne peut penser de plus grand, ou, s'il était, ne serait pas ce qu'on ne peut penser de plus grand. Il est donc évident qu'il est et qu'il ne peut pas n'être pas ou être pensé n'être pas. Autrement, en effet, s'il est, il n'est pas ce qu'on dit; et, s'il était, il ne le serait pas.

Or il ne semble pas qu'on puisse aussi facilement le prouver de ce qu'on dit plus grand que tout. En effet, que ce qu'on peut penser n'être pas, ne soit pas plus grand que tout ce qui est, ce n'est pas aussi évident que le fait qu'il ne soit pas ce qu'on ne peut penser de plus grand; et, que quelque chose de plus grand que tout, s'il est, n'est autre que ce qu'on ne peut penser de plus grand, ou, s'il était, ne serait pareillement autre, ce n'est pas aussi indubitable qu'il y a de certitude à le dire de celui dont on dit qu'il est ce qu'on ne peut penser de plus grand. Que répondre en effet, si quelqu'un dit qu'est quelque chose de plus grand que tout ce qui est, et qu'on peut pourtant le penser n'être pas, et qu'on peut pourtant penser une chose plus grande que lui, même si elle n'est pas? Est-ce qu'on peut ici, avec autant de clarté, inférer qu'il n'est donc pas plus grand que tout ce qui est, qu'on dirait là avec la plus grande clarté qu'il n'est donc pas ce qu'on ne peut penser de plus grand? Car, dans le premier cas, il est besoin d'un autre argument que ce qu'on dit plus grand que tout. Mais, dans l'autre cas, il n'est besoin d'aucun autre argument que de cet énoncé même: ce qu'on ne peut penser de plus grand. Mais, si un autre argument le peut, tu ne devais pas non plus me reprendre ainsi d'avoir dit ce qui peut être prouvé. Or, qu'on le puisse, c'est facile à considérer pour celui qui connaît que le peut ce qu'on ne peut penser de plus grand; en effet, on ne peut nullement comprendre ce qu'on ne peut penser de plus grand, sinon comme ce qui est la seule chose à être plus grande que tout. Donc, de même que, ce qu'on ne peut penser de plus grand, on le comprend et il est dans l'intellect, et par suite on affirme qu'il est selon la vérité du réel, de même on conclut de toute nécessité que, ce qu'on dit plus grand que tout, on le comprend et il est dans l'intellect, et pour cette raison il est réellement. Tu vois donc combien tu m'as comparé à juste titre à cet imbécile qui, de cela seul qu'il comprendrait la description de l'île perdue, voudrait affirmer qu'elle est!

Chapitre 6 - On discute ce que l'adversaire dit au n° 2 et 5: qu'on pourrait comprendre de la même manière n'importe quelles choses fausses, et qu'ainsi elles seraient.
Quant à ce que tu objectes, qu'on peut comprendre n'importe quelles choses fausses ou douteuses et qu'elles sont dans l'intellect de la même manière que celle que je disais: je me demande ce que tu avais en tête ici contre moi, à qui il était d'abord suffisant, voulant prouver une chose douteuse, de montrer qu'on la comprend de quelque manière et qu'elle est dans l'intellect, afin de considérer par voie de conséquence si elle était seulement dans l'intellect, comme les choses fausses, ou si elle était aussi dans la réalité, comme les vraies. Car, si, les choses fausses et douteuses, on les comprend de cette manière et elles sont dans l'intellect, parce que, quand on les dit, l'auditeur comprend ce que veut dire celui qui parle, rien n'empêche ce que j'ai dit d'être compris et d'être dans l'intellect. Mais comment tes paroles s'accordent-elles entre elles: ce que tu dis, que, quelqu'un disant des choses fausses, tu comprendrais tout ce qu'il dirait, et ce que tu dis, que, parce que ce qui est, ne se trouve pas dans la pensée de la manière dont les choses fausses s'y trouvent aussi, tu ne diras pas que tu penses ce que tu as entendu ou que tu l'as dans la pensée, à savoir parce que tu ne pourrais le penser autrement qu'en le comprenant, c'est-à-dire en saisissant par science qu'il existe réellement? Comment, dis-je, s'accordent et qu'on comprend les choses fausses et que comprendre c'est saisir par science que quelque chose existe? Pour moi, en rien; à toi de voir. Que, si on comprend de quelque manière les choses fausses elles aussi, et que c'est là la définition non de tout intellect mais de tel intellect, tu ne devais pas me reprendre parce que j'ai dit qu'on comprend et qu'est dans l'intellect ce qu'on ne peut penser de plus grand, même avant d'être certain qu'il existe réellement.

Chapitre 7 - Contre autre chose que dit l'adversaire au même endroit, à savoir qu'on peut concevoir que le souverainement grand n'est pas, tout autant que Dieu est conçu tel par l'insensé.
Ensuite, quant à ce que tu dis, qu'il ne peut jamais guère être croyable que, quand on l'aura dit et entendu, on ne puisse penser qu'il n'est pas de la manière dont on peut aussi penser que Dieu n'est pas: Que répondent pour moi ceux qui ont un peu atteint à la science de la discussion et de l'argumentation. En effet, est-ce qu'il est raisonnable, pour quelqu'un, de nier ce qu'il comprend pour la raison qu'on dit qu'il est ce qu'il nie parce qu'il ne le comprend pas? Ou, si on nie parfois ce qu'on comprend dans une certaine mesure et si c'est la même chose que ce qu'on ne comprend nullement, est-ce qu'il n'est pas plus facile de prouver qu'il y a doute de ce qui est dans un intellect plutôt que de ce qui n'est dans aucun? Aussi il ne peut pas même être croyable que quiconque nie ce qu'on ne peut penser de plus grand, chose qu'il comprend quand il l'entend, pour la raison qu'il nie Dieu, dont il ne pense d'aucune manière le sens. Ou, si on le nie aussi, parce qu'on ne le comprend pas tout à fait, est-ce qu'il n'est pas pourtant plus facile de prouver ce qu'on comprend d'une certaine manière que ce qu'on ne comprend d'aucune manière? Donc, ce n'est pas irrationnellement que, pour prouver que Dieu est, j'ai apporté contre l'insensé cette définition: ce qu'on ne peut penser de plus grand, puisqu'il ne le comprendrait d'aucune manière, mais qu'il la comprendrait d'une certaine manière.

Chapitre 8 - On examine la comparaison de la peinture proposée au n° 3; et d'où on peut conjecturer le souverainement grand, sur lequel l'adversaire s'interrogeait au n° 4.

Mais c'est sans cause que tu prouves avec tant de soin que ce qu'on ne peut penser de plus grand, n'est pas comme la peinture pas encore faite dans l'intellect du peintre. En effet, je n'ai pas avancé l'exemple de la peinture pensée à l'avance parce que je voulais affirmer que telle était la chose dont il s'agissait, mais seulement afin de pouvoir montrer qu'est dans l'intellect quelque chose dont on comprendrait qu'il n'est pas.

De même, ce que tu dis: que, ce qu'on ne peut penser de plus grand, tu ne peux, après l'avoir entendu, le penser selon une chose connue de toi par le genre ou par l'espèce ou l'avoir dans l'intellect; puisque tu ne connais pas la chose même et que tu ne peux pas la connaître à partir d'une autre semblable, il est clair que la chose va autrement. Car, puisque tout moindre bien est semblable à un bien plus grand en tant qu'il est un bien, il est évident à n'importe quelle âme raisonnable qu'en remontant des moindres biens aux plus grands, nous pouvons, à partir de ceux qu'on peut penser quelque chose de plus grand, beaucoup conjecturer de celui qu'on ne peut rien penser de plus grand. Qui donc, en effet, par exemple, même s'il ne croit pas que ce qu'il pense est dans la réalité, ne peut penser ceci, à savoir que, s'il est quelque bien qui a un début et une fin, est bien meilleur un bien qui, quoi qu'il commence, ne se termine pourtant pas; et que, de même qu'il est meilleur que l'autre, de même est meilleur que lui ce qui n'a ni fin ni début, même s'il passe toujours du passé au futur par le présent; et, que quelque chose de ce genre soit dans la réalité ou ne soit pas, qu'est bien pourtant meilleur que lui ce qui d'aucune manière n'a de besoin ou n'est forcé à changer ou à bouger? Est-ce qu'on ne peut pas penser cela? Ou bien peut-on penser quelque chose de plus grand que cela? Ou bien n'est-ce pas, à partir de ce qu'on peut penser plus grand, conjecturer ce qu'on ne peut penser de plus grand? Il y a donc une base d'où on peut conjecturer ce qu'on ne peut penser de plus grand. Aussi on peut ainsi facilement réfuter l'insensé, qui n'accepte pas l'autorité sacrée, s'il nie qu'on puisse conjecturer à partir d'autres choses ce qu'on ne peut penser de plus grand. Et, si un catholique le nie, qu'il se souvienne que les perfections invisibles de Dieu, depuis la création du monde, se laissent voir à l'intellect à travers ce qu'il a fait, de même aussi que son éternelle vertu et divinité.

Chapitre 9 - Qu'on peut penser et comprendre le souverainement grand; et la raison produite contre l'insensé est renforcée.

Mais, même s'il était vrai qu'on ne puisse penser ou comprendre ce qu'on ne peut penser de plus grand, il ne sera pour autant pas faux qu'on puisse penser et comprendre l'énoncé «ce qu'on ne peut penser de plus grand». En effet, de même que rien n'empêche de dire: «ineffable», bien qu'on ne puisse désigner la chose qu'on dit ineffable, et, de même qu'on peut penser «impensable», quoiqu'on ne puisse penser ce qu'il convient de dire impensable, de même, quand on dit: «ce qu'on ne peut rien penser de plus grand», il est hors de doute qu'on peut penser et comprendre ce qu'on entend, même si on ne peut penser ou comprendre la chose qu'on ne peut penser de plus grand. Car, même s'il est quelqu'un d'insensé au point de dire que la chose qu'on ne peut penser de plus grand, n'est pas, il ne sera pourtant pas impudent au point de dire qu'il ne peut comprendre ou penser ce qu'il dit; ou, s'il se trouve quelqu'un de tel, il faut non seulement recracher son discours mais aussi lui cracher dessus. Qui donc nie que quelque chose soit ce qu'on ne peut penser de plus grand, comprend et pense du coup la négation qu'il fait, laquelle négation il ne peut comprendre ou penser sans ses parties; or une de ses parties c'est «ce qu'on ne peut penser de plus grand». Donc, quiconque le nie, comprend et pense «ce qu'on ne peut penser de plus grand». Or il est évident qu'on peut de la même manière comprendre et penser ce qui ne peut pas n'être pas; mais celui qui le pense, pense plus grand que celui qui pense ce qui peut n'être pas. Donc, quand on pense «ce qu'on ne peut penser de plus grand», si on pense ce qui peut n'être pas, on ne pense pas «ce qu'on ne peut penser de plus grand»; or on ne peut à la fois penser et ne pas penser une seule et même chose. Aussi, celui qui pense «ce qu'on ne peut penser de plus grand», ne pense pas ce qui peut mais ce qui ne peut pas n'être pas. C'est pourquoi il est nécessaire que soit ce qu'il pense, parce que tout ce qui peut n'être pas, n'est pas ce qu'il pense.

Chapitre 10 - Solidité de la raison qu'on a dite, et conclusion du livre.
Je crois avoir montré que c'est par une argumentation non pas faible mais suffisamment nécessaire que j'ai prouvé dans
le petit livre précité qu'existe réellement quelque chose qu'on ne peut penser de plus grand; et qu'elle n'est infirmée par la
solidité d'aucune objection. En effet, le sens de cette preuve contient en soi une telle force qu'on prouve avec nécessité
qu'existe aussi en vrai cela même qu'on dit, par là même qu'on le comprend ou le pense, et que c'est là tout ce qu'il faut
croire de la substance divine. Car nous croyons de la substance divine absolument tout ce qu'on peut penser qu'il est
mieux d'être que de n'être pas. Par exemple, il est mieux d'être éternel que pas éternel, d'être bon que pas bon, bien
plus d'être la bonté même que pas la bonté même. Or rien de ce genre ne peut ne pas être ce qu'on ne peut penser quoi
que ce soit de plus grand. Il est donc nécessaire que ce qu'on ne peut penser de plus grand soit tout ce qu'il faut croire de
l'essence divine. Je te remercie de ta bienveillance et à reprendre et à louer mon opuscule. En effet, comme tu as exprimé
une telle louange de ce qui t'y semble digne d'être reçu, il apparaît assez que c'est par bienveillance, non par
malveillance, que tu as repris ce qui t'a semblé faible.

FIN"[74]

Nous ne nous attarderons pas sur la distinction casuistique entre entendement et intellect, nous concentrant sur ce qui nous semble être le noyau de la critique de Gaunilon et auquel, croyons-nous, Anselme ne répond pas.

D'une part, Gaunilon reproche à l'idée d'Anselme le fait d'assumer que quelque chose comme Dieu, le considérant comme plus grand que quoique ce soit d'autre ne peut être, si nous acceptons que mathématiquement, quelque chose de si grand que rien de plus grand ne peut être pensé seulement présent dans l'esprit ne peut être plus grand que quelque chose qui est plus grand que n'importe quoi d'autre dans l'intellect et dans la réalité. C'est-à-dire, si nous comprenons correctement Gaunilon, qu'exister comme plus que tout autre chose dans la réalité dédouble la grandeur maximale de l'être idéal.

Ce qui nous semble doublement faux: d'abord parce que penser quelque chose plus grand que tout est une pensée superlative en elle-même, elle ne nécessite pas une réalité ajoutée pour augmenter sa taille, qui, en soi, est maximale. Comme ce n'est pas un comparatif, ce n'est pas "*bigger*", mais "*biggest*", le concept n'a déjà plus de comparaison mentale. En second lieu, se posant aussi bien dans une perspective religieuse (dans laquelle l'existence de Dieu est un fait, par conséquent penser à lui implique

[74]http://www.pluie-sur-la-lune.com/philosophie-anselme-apologie_1.html

doublement de le concevoir comme une possibilité et comme un fait) que mathématique (qui implique que les ensembles ne peuvent pas se mélanger, dans ce cas le concept ne peut être renforcé ni minimisé par l'existence, c'est-à-dire que le concept d'"abstrait" n'est pas ni ne peut être agrandi ou pour se trouver ou pas dans la réalité, tous les dessins de formes géométriques sur toutes les ardoises du monde depuis le début des temps jusqu'au futur le plus lointain n'augmenteront pas proportionnellement la taille de l'ensemble du concept d'"abstrait", pas plus que les idées de lits, pour reprendre la métaphore platonicienne, ne pourront être réduites ou agrandies par tous vrais lits, parce que, comme le poids et la masse sont deux choses différentes, l'idée de quelque chose et cette chose réelle si elle existe ne peuvent pas être mesurées proportionnellement comme si c'étaient les deux parties d'un même tout, elles sont similaires mais non identiques), ou jusque lingüistique (l'ensemble de tous les lits pensables, parce qu'ils sont infinis en matériaux, etc., est évidemment plus grand que celui des lits réels, limités à ce qui est faisable et à ce qui a été fait, en outre, rien ne s'ajoute à l'ensemble connotatif-dénotatif par le biais de la réalité, puisque, en sus du fait que, s'il pouvait exister, un tel agrégat serait croyons-nous relativement petit en ce qui concerne la limitation des formes réalisées, sauf peut-être dans l'augmentation industrielle des derniers siècles, mais en plus l'idée de lits implique l'idée de tous ceux qui ont existé en même temps que de ceux qui pourraient exister ou ont existé, donc le côté abstrait est toujours plus large et infini que le côté réel, fini, et, précisément, comme disent les amoureux dans leurs déclarations, pour ce qu'ils choisissent plutôt l'infini pour métaphoriser leurs sentiments réciproques, la qualité particulière de l'infini est de ne pas pouvoir être mesurée, à la différence du fini), il n'y a pas de manière de comprendre, sauf par un faux raisonnement, comment la limitation de réalité pourrait nuire à la potentialité absolue de ce qui a été dit à plusieurs reprises (par Anselme) être la plus grande chose que l'on puisse penser. Cela implique tout les superlatifs à la fois (c'est-à-dire les plus grand que pourrait penser celui qui aura le plus grand cerveau pour concevoir les choses plus grandes que toutes autres, etc.).

Cependant, en donnant l'exemple de l'île fantastique, Gaunilon pose un problème auquel Anselme ne peut pas répondre, raison pour laquelle il insiste à nouveau sur les dimensions de la pensée, et ce pourquoi, dans sa vaste réponse, il ne lui dédie pourtant pas une seule ligne.

Ce pourquoi, avec un peu de préméditation, il se concentre dans l'ensemble des dix chapitres de sa réponse sur la différence entre pouvoir être pensé et compris, ce qui, à notre avis, est relativement la même chose, sauf pour un idiot, pour qui comprendre un mot ne signifie pas obligatoirement se le représenter, ou pour la dichotomie kantienne ou philosophique en général, entre le sentiment (émotionnel, mais pas intellectuel) et la pensée (intellectuelle, mais pas obligatoirement sensorielle). Dans tous les cas, nous serions face au même problème: pour l'idiot entendre un concept ne perce pas nécessairement sa pensée ou son âme, pour ce que, comme le dit Gaunilon, être pensé ne signifie pas mécaniquement être compris; pour la dichotomie philosophique et même biologique, le domaine affectif et le champ intellectuel, étant différents, ne sont pas, comme le pensait la philosophie, obligatoirement, jusqu'à l'hégélienne, l'un (l'intellectuel) supérieur, et l'autre (l'émotionnel) plus bas, mais plutôt deux zones séparées, qui peuvent ou ne peuvent pas se connecter, ce qui se passe dans l'analphabétisme émotionnel de nombreux intellectuels, ou dans la normalité intellectuelle qui si peut avoir une compréhension émotionnelle, mais pas intellectuelle mais pas la compréhension émotionnelle intellectuelle identiquement développée, ou enfin, chez les plus sots que, comme l'a déjà reconnu Dostoïevski et l'ont confirmé postérieurement les psychologues, vivent beaucoup mieux leurs sentiments car ils ne les sentent pas, ayant à la fois un engourdissement intellectuel et émotionnel parallèles, négatifs pour la société, mais positifs pour celui qui les a, parce qu'ils l'aident à mieux vivre.

Ainsi, la seule chose que discute Anselme, dans le troisième chapitre de sa réponse, est que si lui étaient exposés les éléments de l'île perdue, il pourrait la trouver, non pas seulement la reconstruire (ce qui serait plus convaincant), ce pourquoi son discours tombe, tout à coup, dans un ridicule absolu:

"Mais c'est, dis-tu, comme si, parlant d'une île de l'océan qui l'emporte sur toutes les terres par sa fertilité, et qu'on nomme l'île perdue à cause de la difficulté, mieux de l'impossibilité de trouver ce qui n'est pas, quelqu'un disait qu'on ne peut douter qu'elle est vraiment dans la réalité, parce qu'on comprend facilement la description qui en est faite par des mots. Je dis en toute confiance que, si quelqu'un me trouve, à part ce qu'on ne peut penser de plus grand, quelque chose d'existant ou dans la réalité ou seulement dans la pensée, à quoi puisse s'appliquer l'enchaînement de mon argumentation, je lui trouverai et lui donnerai l'île perdue, afin qu'elle ne soit pas davantage perdue. Or il semble déjà manifeste qu'on ne peut pas penser que ce qu'on ne peut penser de plus grand, n'est pas, parce qu'il existe par une raison si certaine de la vérité; autrement, en effet, il n'existerait nullement. Enfin, si quelqu'un dit qu'il pense que cette chose n'est pas, je dis qu'alors, quand on le pense, ou bien on pense ou bien on ne pense pas quelque chose qu'on ne peut penser de plus grand. Si on ne le pense pas, on ne pense pas que n'est pas ce qu'on ne pense pas. Mais, si on le pense, on pense du coup quelque chose qu'on ne peut même pas penser n'être pas. En effet, si on peut le penser n'être pas, on peut le penser avoir un commencement et une fin; mais ce n'est pas possible. Donc, celui qui le pense, pense quelque chose qu'on ne peut même pas penser n'être pas; mais celui qui le pense, ne le pense pas n'être pas; autrement, il pense ce qu'on ne peut penser. On ne peut donc penser que ce qu'on ne peut penser de plus grand, n'est pas."

Il se recentre à continuation sur le fait que, selon lui, la réalité d'un concept vient de ce qu'il soit pensable, ce qui, très évidemment, est faux, pour ce que, justement, pose Gaunilon à propos de l'île; bien que fausse, nous pouvons concevoir une île immense et des plus fantastiques dans tous ses aspects, sans que celle-ci existe.

Cependant, précisément parce que nous sommes dans une relation dans laquelle Dieu est considéré comme existant de fait, la théologie postérieure ne reconnaît pas que le problème ontologique ne réside pas tant dans l'idée de Dieu que dans sa réalité ou son existence. Ainsi, saint Thomas d'Aquin, suivant Gaunilon et réfutant Anselme à son tour, expose:

"Admettons que tout le monde donne au mot Dieu le sens voulu, à savoir celui d'un être qui ne peut être considéré comme plus grand: d'où vient que tout le monde pense nécessairement qu'un tel être est dans l'esprit tel qu'il est compris, mais pas du tout qu'il existe dans la réalité. Pour pouvoir sortir de là que l'être en question existe réellement, il faudrait supposer qu'il y a vraiment un être tel qu'il ne peut se concevoir un être plus grand, ce qui est précisément rejeté par ceux qui nient l'existence de Dieu." (*Somme théologique*, I, 2, 1:2, la traduction est nôtre.)

Cependant, cette nécessité de Dieu, au lieu d'être contingente, a été sinon réfutée par Kant, du moins mise en évidence dans la *Critique de la raison pure*.

Nous constaterons qu'identiquement les preuves cosmologique (tout a une cause, comme le monde ne peut être sa propre cause, il faut que Dieu existe) et physico-théologique (tout ce qui a des finalités est l'oeuvre d'une intelligence) passent par le même tamis original: l'idée de la nécessité de Dieu.

Cependant, identiquement, il n'a pas été apprécié ou vraiment soulevé s'il y a un but aux et des choses, ou si, en d'autres termes, elles ont une cause. Il semble même que l'idée de finalité (conséquence) impliquerait que le monde ait une cause (antérieure et extérieure à lui-même), ce qui, si ce n'est pas totalement illogique, ne mérite pas le nom de pensée logique en soi.

En effet (et sachant que les deux systèmes de preuves précités sont concomitants, non entrelacés), si le monde est une conséquence d'une cause, il n'est pas nécessaire qu'il ait une finalité, puisqu'il se déclare comme fin en soi, alors que s'il a des finalités, il n'y a pas nécessité d'une cause, pour ce que l'argument de la cause serait, dans tous les cas, plus fort pour s'appliquer à l'affirmation d'une existence divine originelle que la prétension qu'en ayant des finalités celles-ci devraient être des objectifs externes aux êtres mêmes qui les inspirent pour être motivés par eux. Autrement dit, cela n'a aucun sens de supposer que les fins qui sont les nôtres, en tant qu'espèces biologiques ont une cause externe, ou cela reviendrait à l'hypothèse de la causalité de Dieu par rapport à nous. Cette absence de nécessité d'assumer une autre cause de nos actions que notre propre intention et notre propre intérêt, n'est pas seulement une irresponsabilité morale et logique, mais, étant inutile, elle enlève le fondement principal à Dieu: sa nécessité.

Nous devons souligner que Kant, à sa manière, avait considéré que les trois voies de preuve de Dieu se réduisaient à l'ontologique (étant le même Kant qui baptisa l'argument d'Anselme d'"*ontologique*"). Nous en ajouterons une autre ci-dessous, celle qui concerne les qualités du monde créé.

Revenant ainsi à notre tour à la question de la preuve ou de l'argument ontologique, en rejetant l'existence de Dieu hors du champ philosophique pour ne pas pouvoir se prouver, et en la laissant comme simple *nihil negativum* ou concept pur, Kant fait non seulement un pas de plus que ses prédécesseurs, mais, venant du débat initié par San Anselme, ouvre largement la porte à l'athéisme postérieur, du XIXème siècle, dont les premières représentations, également favorisées par les Lumières, sont le *Faust* (1808) de Goethe et le *Caïn* (1821) de Lord Byron.

Nous voyons déjà comment la question de l'existence de Dieu se pose, tout au long de la modernité, à partir du bas Moyen-Âge, comme fondement du problème théologique.

Cette potentialité d'existence implique, bien que, nous le voyons, elle ne l'affronte pas explicitement, la question de notre justice. C'est-à-dire, encore une fois, si Dieu existe, avec les attributs que nous lui donnons (de sublimité et d'absolutisme moral et spirituel), pourquoi sa création est-elle imparfaite?

Ce pour quoi, cessant d'imaginer Dieu, Leibniz trouve une solution élégante, prétendant que, de tous les mondes possibles, Dieu a conçu le meilleur. Ce de quoi Voltaire dans son *Candide* se moqua, en tronquant la citation, et en se satisfaisant de considérer le monde dans lequel nous vivons comme "*Le meilleur des mondes*".

Or, si nous nous arrêtons dans cette autre voie, nous voyons que, comme Kant, sortant la question théologique de son cadre, et supprimant la nécessité de Dieu, elle réduit sa possibilité d'existence au domaine du réel, répondant à ce à quoi, plusieurs siècles auparavant, Anselme n'avait pas répondu, à savoir le passage du concept pur (que personne ne nie, puisque, quel que soit son degré et les valeurs et attributs que nous lui prêtons, l'idée de Dieu existe) à son existence physique, ce qui, lui donnant le coup de grâce, les existentialistes poseront selon la dichotomie cartésienne entre essence et existence, Sartre assumant explicitement que "*L'existence précède l'essence*" (*L'existencialisme est un humanisme*), Leibniz, dans sa thèse, part de la même préoccupation épistémologique, c'est-à-dire des possibilités d'existence et des niveaux de conscience, sauf que, cette fois, non appliqués du croyant envers Dieu comme potentialité, mais inversant le modèle et le présentant de Dieu vers l'humanité.

La question n'est plus, alors, si Dieu existe, et dans cette approche, comment il existe (en tant que concept pur ou comme être concret, et dans quelle mesure nous pouvons le concevoir: physiquement ou intellectuellement, depuis une pensée absolue et superlative ou seulement comparativement), mais comment Dieu nous a créés et pourquoi, c'est-à-dire dans quelles circonstances (le degré en vient alors, inversé, à être dimensionnement de l'objet créé, non plus de l'être créateur, et l'implication, ou nécessité, de cet être créateur obtient comme réponse, à l'instar de chez Saint Anselme, une réponse obligatoire, pour la propre nécessité de l'idée de Dieu, indispensable: si le monde est mauvais mais que l'existence de Dieu est nécessaire comme axiome, il s'ensuit qu'il doit y avoir une mesure qui justifie les qualités, dans ce cas, ironique et inverse, bien qu'involontairement, basses de la Création; en cela aussi se voit la dérivation logique: là où l'Être créateur est considéré comme le plus grand, la Création, considérée comme, finalement, imparfaite, se voit attribué le degré, là effectivement comparatif et non superlatif, du moins mal, dans les deux cas, cependant, Dieu pour Anselme et la Création pour Leibniz sont le plus qui se puisse mesurer pour Anselme et demander pour Leibniz).

La preuve la plus évidente que la question ontologique émerge de l'angoisse sur les qualités du monde créé est donnée à notre avis dans le fait que le centre du débat ouvert par Anselme a à voir, précisément, avec la qualification (c'est-à-dire, en termes linguistiques, l'adjectivation) de Dieu: ici dans sa grandeur. C'est le même pouvoir, toujours en question de qualité, que traitera Leibniz.

Or, cette préoccupation de qualité au sens du degré, qui peut être acquise ou perdue, vient de Parménide, qui dit explicitement qu'en lui donnant des adjectifs, la condition de l'Être se réduit (fragment VII.32):

"*VI. Il faut que la parole et la pensée soient de l'être; car l'être existe, et le non-être n'est rien. N'oublie pas ces paroles; et d'abord, éloigne ta pensée de cette voie. Ensuite, laisse de côté celle où errent incertains les mortels ignorants, dont l'esprit flotte agité par le doute ils sont emportés, sourds, aveugles, et sans se connaître, comme une race insensée, ceux qui regardent l'être et le non-être à la fois comme une même chose et comme une chose différente; ils sont tous engagés dans une route sans issue.*

VII. Mais toi, éloigne ta pensée de cette route, et que la coutume ne te précipite pas dans ce chemin vague, où l'on consulte des yeux aveugles, des oreilles et une langue retentissantes; mais examine, avec ta raison, la démonstration savante que je te propose.

Il ne reste plus qu'un procédé; c'est celui qui consiste à poser l'être. Dans cette voie, bien des signes se présentent pour montrer que l'être est sans naissance et sans destruction, qu'il est un tout d'une seule espèce, immobile et infini; qu'il n'a ni passé, ni futur, puisqu'il est maintenant tout entier à la fois, et qu'il est un sans discontinuité. Quelle origine, en effet, lui chercheras-tu? D'où et comment le feras-tu croître? Je ne te laisserai ni dire, ni penser qu'il vient du non-être; car le non-être ne peut se dire ni se comprendre. Et quelle nécessité, agissant après plutôt qu'avant, aurait poussé l'être à sortir du néant? Donc il faut admettre, d'une manière absolue, ou l'être, ou le non-être.

12. Et jamais de l'être la raison ne pourra faire sortir autre chose que lui-même. C'est pourquoi le destin ne lâche point ses liens de manière à permettre à l'être de naître ou de périr, mais le maintient immobile. La décision à ce sujet est tout entière dans ces mots: l'être ou le non-être. Il a donc été conclu, comme cela devait être, qu'il faut laisser là ce procédé inintelligible, inexprimable; car il n'est pas le chemin de la vérité, et que l'autre est réel et vrai. Comment, ensuite, l'être viendrait-il à exister? Et comment naîtrait-il? S'il vient à naître, c'est qu'il n'est pas, et de même s'il doit exister un jour. Ainsi se détruisent et deviennent inadmissibles sa naissance et sa mort.

22. Il n'est pas divisible, puisqu'il est en tout semblable à lui-même, et qu'il n'y a point en lui de côté plus fort ni plus faible, qui l'empêche de se tenir uni et cohérent; mais il est tout plein de l'être, et de la sorte il forme un tout continu, puisque l'être touche à l'être.

26. Mais l'être est immuable dans les limites de ses grands liens; il n'a ni commencement ni fin, puisque la naissance et la mort se sont retirés fort loin de lui, et que la conviction vraie les a repoussées. Il reste donc le même en lui-même et demeure en soi: ainsi il reste stable; car une forte unité le retient sous la puissance des liens et le presse tout autour.

32. C'est, pourquoi il n'est pas admissible qu'il ne soit pas infini; car il est l'être qui ne manque de rien, et s'il ne l'était pas, il manquerait de tout."[75]

C'est la même dénomination de Dieu dans la *Bible* ("*Je suis celui qui suis*") ou de Bouddha comme "*Tathagata*" ("*Ainsi Venu.../... Tel qu'il est*"[76]).

Et c'est la même préoccupation chez Anselme et chez les autres: comment définir Dieu en l'adjectivant? Que Leibniz transforme en une graduation, permise par tout le débat d'Anselme à Kant, de la valeur, non plus de Dieu en lui-même, mais de sa Création.

---

[75]Trad. de Francis Riaux: *Essai sur Parménide d'Élée suivi du texte et de la traduction des Fragments*, París, Joubert, 1811, pp. 211-215, 217, 219.
[76]https://fr.wikipedia.org/wiki/Tath%C4%81gata

9. Seconde conclusion

Nous voyons donc que la question du libre arbitre a à voir avec les limites de la puissance divine: si Dieu est tout puissant et entièrement bon, comment le Mal existe-t-il? Est-ce son désir, une épreuve, la conséquence du libre arbitre?, mais en tout cas, quelle que soit la réponse, elle limite pareillement son pouvoir, nous l'avons dit: s'il est soumis au libre arbitre ou à la dispute avec un autre être de force égale ou similaire (le Diable), il perd obligatoirement son pouvoir absolu, qui devient seulement relatif (en fonction de la décision individuelle).

De même, depuis Saint Anselme, la préoccupation pour affirmer, dans ce cadre, l'existence de Dieu (le doute venant de la réalité de la méchanceté généralisé à laquelle nous sommes confrontés chaque jour), n'a pas tellement à voir avec l'existence même de Dieu (assumée comme un fait, aussi bien par Anselme que par ses contradicteurs, en particulier, Gaunilon, qui sont absolument croyants, comme Anselme lui-même le rappelle au début de sa réponse *Liber apologeticus*: "*Puisque celui qui me reprend dans ces propos n'est pas cet insensé contre qui j'ai parlé dans mon opuscule, mais quelqu'un de non insensé et de catholique parlant pour l'insensé, il peut me suffire de répondre au catholique*"), mais avec la qualité (de "*nécessité*") de cette existence.

Pour ce que, toujours, la question de l'existence de Dieu rebondit de l'impossibilité logique de celle-ci, et c'est toujours à partir de ses qualités qu'on essaie de la définir, révélant ainsi que le problème est l'essence, non l'existence, et que cette essence s'oppose à ce qui est vécu. Au mal visible, sans sens, on veut chercher un sens, qui ne peut pas être d'ici, et lui donner une raison qui minimise ses résultats, créant ainsi un rebond vers une contrepartie "*nécessaire*", mais, en termes mathématiques, non suffisante ou indispensable selon nous (c'est-à-dire que sa nécessité provient de la prémisse de l'impossibilité que le mal existe en lui-même, mais la vérité est que cette prémisse est plus de pieux désir que de constatation, puisque le mal, en soi, existe sans nécessité de contrepartie, c'est sa contrepartie qui au contraire veut se définir à partir du mal, en le justifiant comme obligatoire pour l'assomption du Bien, ce qui n'est pas vrai non plus, le dilemme est en réalité en ce que le mal est, par conséquent ne peut être nier, tandis que le bien, construction mentale, a besoin de se valider par autre chose que la simple observation, puisqu'en celle-ci il ne se rencontre pas, c'est un noumène alors que le mal est un phénomène). Cette contrepartie est un bien conçu, mais dont l'existence dépend, par conséquent, de son degré par rapport au mal. Le détail est que, en voulant définir le degré du bien absolu qui contemple tout en lui et serait Dieu, comme disait Parménide, on le limite. Et cette limite est ce qui le réduit, concrétisant notre postulat que l'existence de Dieu dépend dans sa formulation non pas tellement d'une recherche purement ontologique, mais logique et épistémologique, du degré et esthétique, du sens de ce degré.

Ce qui explique, d'autre part, que dans la philosophie médiévale, le Bien absolu s'identifie au Beau absolu.

L'incohérence de l'idée que la vie humaine, relativement courte, puisse déterminer le bien-être éternel de l'être qui l'ait vécue (qu'on tente de rétablir avec l'idée que, perdant l'éternité, les morts ne renaîtront qu'au moment du Jugement Dernier), acquiert une certaine logique dans le monde bouddhiste avec l'idée de la réincarnation, donnant une valeur d'usage à l'éternité (qui devient temps nécessaire pour s'améliorer et atteindre le nirvana). Mais l'idée du karma a également un grave défaut, c'est que pour qu'elle puisse vraiment fonctionner, il faudrait que le patient (ou la personne) ait un souvenir de ses vies antérieures afin de corriger quelque erreur que ce soit. Pour ce que, ce qui, dans un système, est une formule plus élégante que l'occidentale, s'avère n'être rien de plus qu'une hypothèse de travail, une intuition ou une induction.

De même, est, dans les deux cas, incohérente l'idée, généralisée, que l'on doit mourir au monde pour parvenir au dépassement nécessaire au bonheur ou à la félicité dans l'immortalité. Elle est illogique pour le simple fait que, si nous nous arrêtons à y penser, elle implique que l'être suprême, non seulement nous a rendu imparfait, dans sa sagesse, pour nous permettre de nous améliorer, au lieu de nous rendre parfaits une bonne fois pour toutes, dès le début, mais qu'il nous a placés dans la partie où nous ne devrions pas être pour réaliser cette amélioration: puisque, rappelons-le, la vie est un lieu de perdition et de corporalité, dans lequel nous devons souffrir (c'est-à-dire mourir), tous les grands mystiques, du Christ à Bouddha, des Pères de l'Église aux Grands Mystiques du Moyen-Âge ou à Sainte Thérèse d'Ávila, coïncident en cela, pour pouvoir se retrouver dans la joie de ne pas être dans le monde. En d'autres termes, c'est comme si, une fois créée l'eau, on y mettait les poissons pour leur apprendre à respirer hors d'elle.

La résolution leibnizienne, également astucieuse et élégante, qui affirme que le monde auquel nous sommes confrontés est le meilleur de tous les mondes possibles, est, pour une raison qui croyons-nous n'a jamais été considérée, aussi illogique, ou dépourvue de sens parfait, en cela que, en soi - c'est-à-dire, dans sa prémisse -, elle implique irrévocablement que ce dit monde n'est pas perfectible (étant le meilleur de ceux possibles). Par conséquent, s'il est impossible de l'améliorer, il est également impossible qu'il soit imparfait (étant le plus parfait possible), et en même temps il est hors de propos de supposer que Dieu, qui l'a fait comme le meilleur qui puisse être réalisé, puisse, par conséquent, nous en accorder aucun autre meilleur. Bien qu'elle semble improbable, mais apparaît cependant hors de doute, au-delà des railleries de Voltaire, la thèse de Leibniz comme, en cela (idée impliquée du monde unique à notre portée), à l'origine (sinon assumé, au moins génétique dans son approche), en grande partie, des évaluations ultérieures marxistes et existentialistes.

Les textes religieux ont toujours été écrits par les humains, pas par la main divine. Même Moïse apporta les Dix Commandements, ce n'est pas Dieu qui l'a donné à l'humanité. La qualité la plus spécifique de Dieu est de ne jamais apparaître, il est plus difficile à voir que la comète de Haley.

10. RÉSUMÉ

1. Il n'y eut pas d'écrits faits par Dieu, donc nous ne pouvons rien savoir de réel de sa pensée, ni s'il existe.

2. Il y en a tellement qui prétendent avoir eu une action avec lui que les textes religieux sont démultipliés, se répétant parfois (*Torah*, *Bible*, *Coran*), parfois s'opposant (ce groupe par rapport à n'importe quel autre).

3. Si nous passons en revue le monde, et pour ne pas nous situer dans une perspective d'expérience personnelle, trop difficile à vérifier, nous voyons que l'humanité est, dans sa majorité, guidée par des dictateurs, que les pays favorisent la misère et la pauvreté, et que l'humanité détruit la planète sans se soucier au-delà des faux discours pour se donner bonne conscience (nous pensons aux pays, comme le Venezuela, vendeurs de pétrole qui parlent d'écologie tout en vantant leurs réserves de pétrole, et ceux qui l'utilisent, comme le Nicaragua et la France, qui essaient par tous les moyens de devenir fournisseurs, respectivement dans les Caraïbes et au Canada).

4. Par conséquent, si Dieu existe et que le monde a été créé à son image, la conclusion est que Dieu est mauvais.

5. Aucun des rituels existants n'a jamais sauvé personne. Le Nicaragua est le pays le plus pauvre du continent, souffre de régimes totalitaires, de tremblements de terre, d'un taux de pauvreté élevé et d'un sous-développement endémique, mais les prophètes et les orateurs bibliques se multiplient pour parler du merveilleux avenir du pays. Que Dieu a un plan pour le Nicaragua. Ce qui impose la conclusion que les promesses divines, faites par les hommes, ne sont pas fiables.

6. La même chose arrive avec les Écritures. La *Bible* nous impose l'idée que le temps du Christ était celui des derniers temps, qu'il allait nous racheter du Mal et de la Mort, et qu'il reviendrait après mille ans. Absolument rien de tout cela n'a été accompli. Les gens meurent encore, ils continuent d'être méchants, s'il a existé cela fait plus de deux mille ans que le Christ n'est pas revenu, par conséquent son époque ne peut pas non plus être défini comme l'ultime, car beaucoup d'autres se sont succédées depuis.

Autre sens qui amplifie ce que nous avons posé et reprend la question alarmante du processus d'endoctrinement religieux, mais plus encore celle de la dichotomie logique de l'esprit humain, est que, non seulement, comme nous l'avons évoqué et comme cela est de notoriété publique, le péché dans la religion se produit par les actes et les paroles, jusque-là nous pourrions être d'accord, mais aussi, ce que ni la loi en démocratie ne se daigne à reconnaître, par les pensées. Cela dit, et pour ceux qui pensent que de telles absurdités ne pourraient être rien de plus que l'expression d'une seule religion, il se trouve qu'incapables de nous faire comprendre pourquoi le méchant se réjouit quand les justes souffrent, ce que l'éthologie et le sens commun (voir *El hombre mediocre,* 1913, de José Ingenieros) nous indiquent (le monde, étant fait par et pour la majorité, n'accepte pas, comme espèce, les déviations, que le stalinisme a appelé *"déviationisme"*) et permettent facilement de comprendre, les religions fonctionnent par une implicitation injustifiée pour invérifiable et par une promesse, comme n'importe quelle autre faite à si long terme, tout aussi inacceptable pour plus qu'hypothétique (en plus de n'être fondée sur rien d'autre que les propres indulgences; comme un comique latino-américain à propos du péché et d'aller en enfer, trouve l'idée que, selon les Dix Commandements, il n'est pas aller à l'église un dimanche pour ne pas s'être réveillé, il se retrouve face à tueur à gages, lequel est aussi puni pour l'éternité, mais évidemment pour un tout autre péché, pire encore, et c'est le final du *sketch*, le chef du malfrat, mort aussi, est au paradis, *parce qu'il s'est confessé*).

L'implication, selon la triade monothéiste: le Péché originel (c'est-à-dire, d'un autre, dans un autre temps, mais dont nous serions tous également coupables sans, cela vaut la peine de le mentionner, l'avoir fait ni y avoir participé); selon les religions asiatiques, pour un ou plusieurs péché, peu importe, antérieurs à la propre naissance, et dont on ne se souvient pas, bien sûr (ce qui, soit-dit en passant, nous conduirait plutôt à considérer que n'existe pas telle prémisse pécheresse).

La promesse: que les pauvres, maltraités ici, seront les rois au Ciel. Mais, comme les communistes l'ont bien dit en leur temps, ce que nous voudrions, c'est le paradis "*ici et maintenant*". Idée partagée par la cependant mal nommée sagesse populaire: "*Pájaro en mano vale más que cien volando*", "*Un tiens vaut mieux que deux tu l'auras*". Mais, apparemment, en matière de religion, nous sommes nés hier.

D'autre part, ce que la théologie et la foi chrétiennes ont déclaré comme une supposée nouveauté et une spécialité n'est rien d'autre que la reproduction d'un modèle classique. Jésus est un demi-dieu (moitié dieu-moitié humain), par sa naissance (d'un dieu et d'une mortelle - motif commun, à travers les nombreux engouements amoureux, de Zeus en particulier, dans la mythologie grecque -), comme Hercule parmi tant d'autres.

En fait, sur la question de son existence historique, il n'est pas nécessaire qu'il existe, puisque sa légende reproduit des motifs antiques traditionnels.

Comme ses contreparties (Hercule, Açvins), il essaie de s'élever pour devenir un dieu complet. Mais, contrairement à Bacchus-Zagreus ou à Thésée, il ne peut pas revenir des Enfers, au moins sous forme humaine, puisque son supplice, situé dans l'espace narratif d'une vie humaine, le lui interdit (narrativement parlant). Ironiquement, celui qui a ramené les autres à la vie (comme Lazare) reste dans l'Au-delà, *malgré sa renaissance*. Il ressemble en cela à Hercule, mort mais non rené en tant qu'homme.

Que nous le voulions ou non, un fait est que, si Dieu existe, il a accompli, a) en n'apparaissant jamais, b) par incompétence, générer un niveau mondial d'athéisme chaque fois plus grand, et de détachement envers la religion, étant considérée celle-ci de plus en plus pour un nombre de plus en plus grand de personnes comme une solution qui ne sert à rien. Si ce n'est que le Diable, qui pour sûr n'existe que dans le zoroastrisme et dans le monde judéo-chrétien et musulman consécutif, est beaucoup plus fort que Dieu, même si soit-dit en passant au Diable personne ne croit plus non plus, puisque, si la méchanceté humaine est indéniable et inépuisable, malgré l'identique ritualité sataniste, lui non plus n'a jamais aidé personne en quoi que ce soit. Pour preuves les contes populaires racontant ses tromperies, jusqu'à *Bedazzled* (2000, Harold Ramis).

11. Second Addendum: Les erreurs de *raison* de la Foi: les erreurs théologiques (et [axio] logiques) de la foi

Une tension illogique inutile est créée en considérant que Dieu est bon juste *parce que*, et en essayant de le prouver à partir de cette prémisse.

Le seul élément certain, sur lequel tout le monde est d'accord et qui est évident pour tous, est que le mal existe. Ce qui n'est pas suffisant pour prouver ou montrer que Dieu existe, ou qu'il est bon, ou qu'il nous aime tellement qu'il nous permet de vivre dans le mal pour respecter notre liberté. Aucune assertion ne permet de faire le saut logique, que pourtant tous font, entre une chose et l'autre. Ainsi, une constatation simple et irrévocable: le mal existe, pour défendre une prémisse posée comme vérité *a priori*, les conduit à déboucher sur des hypothèses infondées, partant des données dont nous disposons.

À présent, quelle est la pire erreur méthodologique dans ce cadre? Celle de savoir que l'hypothèse la plus simple est la meilleure. Si le mal existe, et si nous voulons supposer que Dieu existe, très probablement, *parce que le plus à portée de main pour expliquer le fait avec les données que nous avons sans les extrapoler*, c'est que Dieu est mauvais. En outre, l'histoire des religions nous donne de solides bases pour cette hypothèse, puisque les Antiques y croyaient aussi, c'est-à-dire ceux qui étaient les plus proches de pouvoir (au moins chronologiquement parlant) avoir eu une rencontre directe avec Dieu. Pour preuve, si l'on veut, la plus récente, l'arrivée supposée du Christ sur terre, qui a changé notre calendrier général.

De là, il y a deux possibilités plus probables, pour ne pas épeler tous les possibles, par définition infinis. Ou bien Dieu est bon et s'oppose à des forces beaucoup plus fortes que lui, mais dans ce cas, comme nous l'avons dit, il n'est plus Dieu, tout-puissant, comme c'est son premier attribut, nécessaire pour être défini comme Dieu. Ou bien Dieu est mauvais.

Mais nous contemplons les variantes de cette seconde hypothèse, cet interstice logique si cher à la théologie et à la philosophie. Supposons le présupposé donné que Dieu soit bon, mais que, pour la question du libre arbitre, il nous laisse divaguer le plus complètement et le plus absolument.

Dans un premier temps, nous serions donc confrontés à une explication très complexe d'un problème dont les conclusions sont plus évidentes et à portée de main. Mais comme tout est possible, nous ne pouvons pas rejeter sans plus cette hypothèse.

Ce qui la rend inopérante est l'élément suivant: elle est contradictoire en soi. En effet, Dieu ne peut pas *en même temps être entièrement bon et nous tenter.* D'abord parce que la liturgie même le dit à propos de l'extrême onction, celui qui pense être indispensable est par là-même en train de pécher. Donc, ce faisant (je suis indispensable, reconnaissez-moi ou je vous tue), Dieu contreviendrait à ses propres enseignements, au moins celles élaborées par l'institution catholique au Moyen-Âge.

C'est la même contradiction qui gît, bien que personne ne semble la noter, entre l'idée que la terre (ici-bas) est à la fois un don (de la bonté divine, expression, comme Création de son excellence et de sa perfection) et un châtiment (en opposition double à l'au-delà, comme devenir meilleur, et à l'Éden, comme lieu originel de bien-être dont l'humanité aurait été chassée).

Mais, si l'on veut, cela est secondaire et périphérique. Venons-en au sujet. Le principal problème avec cette hypothèse est le fait que supposer que Dieu, entièrement bon, nous tente, n'a, tout simplement, pas de sens:

1. Soit il déteste tellement le mal qu'il ne peut le supporter, ce qui nous pousse à penser aux destructions répétées et aux différents Déluges des différentes religions, aux différentes versions de l'homme qu'elles évoquent, ou, dans la *Bible*, pour ête plus spécifique, aux destructions de Jéricho, Sodome et Gomorrhe, au châtiment de l'humanité que connut Noé, aux colonnes de Samson, etc. ce qui rend incompréhensible que, pour une part, Il déteste tellement le

mal qu'il s'ingénie à le punir, et qu'en même temps, il le laisse couler pour voir ce qui se passe

2. Acessoirement, il est impertinent de supposer, en même temps, qu'Il a ordonné le meurtre de son fils unique pour nous racheter, et que nous restons les mêmes, *malgré ce sacrifice, dont la religion nous dit qu'il a tout changé*, ce que disent aussi les autres religions, avec Bouddha, Mahommed ou, en fait, quel que soit le nom qu'elles Lui donnent[77].

3. Pire encore, *le simple fait de nous tenter pour voir ce qui se passe*, comme l'exprime, sans le dire clairement, le *Livre de Job*, l'identifie ou en fait le complice du Diable lui-même, son ennemi, qui n'est plus alors sinon son bras justicier, comme dit le Moyen-Âge de la mort. Mais, alors, nous revenons à l'idée première que si Dieu est mauvais, c'est le Diable, et que Dieu, s'il existe, ne semble pas pouvoir être défini comme bon.

4. C'est comme prétendre sérieusement (contrairement, soit-dit en passant, à toutes les paraboles du Christ: du semeur, des talents, de la brebis perdue, du figuier sans fruit, du trésor caché, de la graine de moutarde, des deux fils, et même la parabole du blé et de l'ivraie ou des mauvaises herbes - toutes liées à la pertinence, au bien qu'on peut acquérir, c'est-à-dire, comme nous l'avons proposé dès le début avec un intérêt très concret pour le croyant [comme le dit Don Winslow dans *The Winter of Frankie Machine*, de 2006, personne ne s'éloigne d'un sac d'argent, même s'il serait parfois préférable de le faire], non avec une morale abstraite et éthérée -) qu'un agriculteur laissa croître dans son champ la mauvaise herbe, espérant qu'elle lui porte des fruits, juste pour voir, et essayer de la changer. N'importe qui sait que ce que fait le semeur, c'est couper la mauvaise herbe. La propre parabole mentionnée indique de la brûler, et celle du figuier aussi de le couper s'il ne parvient pas à donner de fruits. Ainsi que l'illusion de cette stupidité, car il n'y a pas d'autre mot, de cette permanente vérification du plus que connu (la méchanceté ou la bêtise humaine, dont Einstein lui-même a reconnu qu'elle était infinie et démontrée, contrairement à l'infinité de l'univers, qu'il ne pouvait que concevoir) n'a plus aucun sens, si Dieu existe et voulait nous donner notre chance. Nous en avons eu des milliers, et nous les avons toutes perdues, et nous continuons à le faire (dictatures

---

[77]À Lui ou à ses messagers directs, en ce qui concerne Moïse ou Mahommed.

financières des Goldmann Sachs du monde, des dictateurs politiques divers et successifs, dommages environnementaux, exterminations de nous-mêmes [religieuses, ethniques, guerrières, ou tout simplement disparitions des individus dans l'anonymat de masse, autre façon de tuer sans utiliser aucune arme, et en provoquant les taux élevés de suicides auxquels ont été consacrés des livres entiers, en commençant par celui de Durkheim] et des autres espèces).

Mais, si nous le voyons bien, le pire problème de cette erreur méthodologique et logique, épistémologique et théologique dans la conception et la définition habituelle de Dieu dans ses attributs et ses actions, est qu'elle nous impose des métathéories de métathéories pour démêler ce qui est évident de en soi, mais a tellement été idéologisé que nous n'arrivons plus à le voir. Ce qui nous donne, cependant, en conclusion, une bonne vision de la façon dont la société humaine est mauvaise et pervertie dans sa manière de penser et de voir, de concevoir, de percevoir et d'interpréter le monde.

De là que, dans cette entre-deux (il)logique où d'une part se proclame que le monde est parfait (parce que, comme il vient de Dieu, il ne peut pas être amélioré, voir la principale thèse à cet égard, et sans doute la plus intelligente et aboutie, de Leibniz), *mais qu'en même temps, pourtant!*, il est nécessaire de le modifier (d'où les Tables de la Loi, la mort du Christ, les différentes normes religieuses), ce qui produit le conséquence qu'on pouvait supposer dans cette indécision fondamentale: que les religions (Croisades, Inquisition, Contreréforme, fatwa...) prétendent, et ainsi de même les États (Conquête, nazisme, ségrégation, maccarthysme, actuel Israël) et les individus (hooligans,...) faire ce que, cependant, de nouveau, on nous dit, *pour justifier théologiquement son existence* (*qui ne peut l'être logiquement*, comme nous l'avons vu), Dieu ne voulait pas faire: c'est-à-dire, pour *modifier cet état de choses soi-disant parfait*, les religions, *théologiquement*, se contredisant ainsi elles-mêmes au passage, dans leurs théories, premièrement nous déconseillent de profiter de cette perfection (Bouddha, le Christ, l'ascétisme en général, et les périodes de jeûnes annuels des trois grandes religions monothéistes), et, deuxièmement, s'efforcent à vouloir changer l'être humain, *quand, selon leurs propres lois pour comprendre l'existence d'un Dieu absurde (absolument bon, mais tentanteur, et qui nous regarde faire le mal depuis des centaines de siècles en arrière), Dieu nous aime tellement qu'il nous a laissé le pouvoir de choisir, et, voyant que nous allions du côté du mal, a continué à nous laisser choisir, et à être guidé par le diable.*

De fait, il est remarquable que Jésus (si nous acceptons qu'il ait existé), bien qu'il ait lutté contre les faux croyants (ceux qui faisaient semblant mais agissaient contre la loi et ce en supposément ils se faisaient une gloire de croire), jamais, autant que nous sachions, ni même devant Ponce Pilate, il n'a critiqué aucune autre religion. Au contraire, concrètement de l'*Ancien Testament*, sectaire en excès, comme les *Épîtres* apostoliques du *Nouveau Testament*, mais qui, en tout cas, sont ou auraient été faites par les disciples du Christ, non par lui-même.

Parallèlement, autre contradiction, ici aussi double, est l'intervention si peu utile dans le monde du Christ, comme celle d'Indiana Jones dans *L'Arche Perdue*. En fait, le besoin d'une intervention christique se produit parce que, comme nous l'avons dit, on devient un pécheur parce que c'est comme ça. C'est-à-dire, c'est une condition humaine, selon la théologie judéo-chrétienne, donc sans moyen d'y échapper. Non seulement on est pécheur en tant que descendant des Protoplastes ("*Si ce n'est toi, c'est donc ton frère*"), mais en outre on peut être pécheur, non seulement par acte, comme le dicte bien la loi publique, mais aussi en paroles, en pensée et même par omission, et nous ne parlons pas de l'omission par mensonge (ne pas dire ce que l'on sait), mais de l'omission de ne même pas savoir que nous pensons à quelque chose.

Nous l'avons déjà dit, ils parlent de mouvement (dans la religion, le nouveau royaume du Christ), mais leur histoire est statique (dans la ritualité de la messe, l'attente d'une arrivée répétée chaque année).

Deuxième mouvement nécessaire à ce ridicule, la peur (cause, non conséquence du motif, c'est-à-dire, il s'agit d'induire la peur par l'avertissement, donc d'avoir un pouvoir sur le peuple, ce qui se prétend dans cette affirmation qu'*on est, ou l'on est, et il ne peut en être autrement*, pécheur, *parce que c'est comme ça, et ici c'est moi qui commande, et tout ce que je dis est vrai, et c'est ainsi parce que c'est ainsi*). Et tout le monde veut se délivrer du péché, non pas tant pour ne pas être un pécheur, mais surtout pour ne pas aller en enfer, ou, version plus douce, au purgatoire, lequel permet de maintenir le bâton sans que les gens veuillent se rebeller (parce qu'en fin de compte, comme dans *El condenado por desconfiado*, s'il est si dur et difficile de savoir comment ne pas pécher, il est préférable de pécher et de s'oublier une fois de Dieu, de sorte que la fonction du purgatoire est simplement celle-ci, de fait c'est pourquoi il fut créé et faite sa propagande par les différents *voyages d'Enfer* bas-médiévaux: adoucir suffisamment la peur, mais en le conservant, pour cela ne cesse de se répéter le Jugement Dernier sur les tympans et les vitraux des églises du roman au gothique tardif, et il est encore au centre des oeuvres de Bosch, ou des Van Eyck).

Ceci est une chose, et sans aucun doute une cause du système religieux: personne ne veut aller en enfer, ni au purgatoire, ou aussi peu de temps que possible, raison pour laquelle l'Église nous garde sous son commandement, comme une mère avec Münchhausen, par la peur.

Mais le second aspect de la question est un peu différent, et est celui-ci: si la réflexion sur le péché et le châtiment est si abondante, c'est que la majorité sait qu'ils sont coupables, selon le principe énoncé par le ramoneur des *Enfants de l'Eau* de Kingsley, selon lequel seulement ceux qui se savent sales se préoccupent pour se baigner.

Alors vient la conclusion que nous posions en premier, mais qui explique ce qui suit: comment est-ce possible, et selon quelle norme ou explication logique le Christ peut-il être venu nous libérer d'un péché que *nous continuons néanmoins à partager* (l'Original), et comment put-il venir *libérer de l'enfer*, précisément, *les âmes qui devaient être là parce qu'elles avaient mal agi*?

Par conséquent, et de même, comment doit-on comprendre (comme l'illogisme mentionné précédemment qu'une personne qui ne va pas à la messe et ne peut recevoir l'extrême onction ira en enfer, alors que l'assassin qui peut se confesser ira au paradis) que le Christ, *qui est venu nous juger* (1ère idée), mais (ou, en même temps) *qui nous a libérés* (2ème concept, contradictoire du premier), doive *nous juger de nouveau* (pour la deuxième fois, donc!, c'est ainsi dire que nous continuons dans le péché , soit pour l'Original, soit par nos propres actions, *en d'autres termes, par rapport à cette seconde hypothèse, parce qu'il fut incapable de nous sortir du vice*, cela signifie donc qu'il *ne nous a pas libérés*)?

De fait, les méchants sont ceux qui gouvernent le monde, et comme le dit Agatha Christie dans *Le Noël d'Hercule Poirot*, Partie III, chap. X:

"*And what was he going to get for it in the end? – what the good boy of the family always gets – a kick in the pants.*"[78]

Le monde tourne mal (donc nous n'avons pas été sauvés), et nous le savons.

Récapitulant une fois de plus:

La raison des modes de la foi: les deux meilleures preuves de l'origine polythéiste du monothéisme sont les interminables épiclèses de la Vierge, dans les prières, dérivées des isiaques, et le nombre également infini de saints, qui sont des divinités mineures, chacune avec son propre culte.

Écrit ainsi Sylv Karppe (1901):

"*Dans le Zohar la conception se transforme encore, les astres sont maintenant les intermédiaires entre Dieu et la terre, préposés aux différents êtres de cette terre, exerçant une action décisive sur les destinées terrestres. En d'autres termes les notions astronomiques éparses dans le judaïsme sont mises au service de l'astrologie.*"[79]

La conséquence générale:

---

[78]http://www.ppbooks.net/book2/Christie1166/index_11.html
[79]Sylv Karppe, *Étude sur les origines et la nature du Zohar, precedee d'une étude sur l'histoire de la Kabbale*, Paris, Félix Alcan, 1901, p. 512.

On demande aussi bien à Dieu qu'à l'État: rien, parce qu'on sait qu'ils ne peuvent pas le donner; de sorte que, comme avec l'État, surgit la conséquence stupide au style Kennedy: s'il ne peut rien faire pour nous, cherchons ce que nous pouvons faire pour lui. Mourir pour l'État, payer l'Église et prier pour Dieu.

Existence de Dieu

*"I don't object to the concept of a deity, but
I'm baffled by the notion of one that takes
attendance."*[80]
(*The Big Bang Theory*)

Si la religion est un problème philosophique, elle part de l'existence de Dieu.

Raison pour laquelle nous voudrions démontrer à continuation que, malgré ce que l'on nous fait croire, non seulement la grande philosophie ou la théologie, mais aussi le sens commun, nous permet d'aborder le problème central de l'existence de Dieu.

Dans ses derniers développements, le débat entre Sartre et Heidegger sur la liberté introduit le problème de la conscience morale comme prédestination pour l'individu et de l'existence d'une entité immanente (Loi, Dieu, société, Super-Moi freudien, Phallus de Lacan) dans nos décisions. Considérer la liberté comme un projet, ce n'est pas tant nier la "*nature humaine*" comme le prétend Sartre lui-même, mais élever l'homme à un statut métaphysique. Si ce n'est pas Dieu et/ou la Société (en tant que pouvoir antérieur, primordial, orientateur) qui nous gouverne, la possibilité absolue de réaliser n'importe quel but n'ayant plus seulement que nos propres limites internes, émotionnelles et physiques, nous met soudainement au même endroit qu'avant remplissait la figure divine.

POUR L'EXISTENCE DE DIEU	CONTRE L'EXISTENCE DE DIEU
1. Il y a beaucoup d'éléments de la vie quotidienne (parfois la propre malchance qui colle comme un chewing-gum, nous pensons par exemple à Edgar Allan Poe et aux femmes de sa vie, toutes mortes, plusieurs pour la tuberculose) qui semblent être dominés par	1. Il est difficile de croire que la vie humaine peut être si importante pour un être supérieur, quand on voit le mépris que les humains avons pour nous-mêmes (guerres, attentats, chômage, misère, etc.) 2. Il est aussi compliqué, et dans un certain aspect ridicule, de croire

[80]https://www.tvfanatic.com/quotes/i-dont-object-to-the-concept-of-a-deity-but-im-baffled-by-the/

quelque chose de plus que le hasard.

2. Si ce n'était pas parce que d'une manière ou d'une autre les vœux sont parfois exhaucés, pourquoi la population mondiale continuerait-elle à fréquenter des lieux de culte comme Lourdes, ou à demander et à faire des "*promesses*" à la divinité ou aux Saints comme cela est commun au Nicaragua?

3. Comment expliquer que, sans une méthode d'approche de la connaissance atomique, les philosophes grecs l'aient devinée?

4. L'intuition de l'ensemble des êtres vivants (animaux et humains) de la présence de forces immanentes impliquerait une communauté idéologique qui ne peut être rejetée sans plus.

5. Dans le même sens, la permanence de la pensée mythique et religieuse, à moins de considérer que nous sommes tous des menteurs, doit nous amener à nous demander pourquoi, malgré le non-accomplissement des principaux objectifs (revenir au bout de 1000 ans dans le cas du Christ), la majorité de l'humanité continue de croire, peut-être non plus en un dieu spécifique, mais si toujours en forces au-delà de nous et de la mort. Apparemment, cela semble avoir

en des dieux qui jouent à cache-cache avec nous. Simplement parce qu'il n'y a aucune raison valable pour cela.

3. Le même désir pour le miracle de l'humanité nous fait penser que l'idée de Dieu est, psychologiquement et sociologiquement, nécessaire à la construction de notre ego individuel et collectif. Ce qui réduit la validité de l'idée (non vérifiable, le *nihil negativum* kantien) de son existence réelle, au-delà d'un concept nécessaire. Il serait comme un ami secret (nous reviendrons sur cette possibilité).

4. Le concept de miracle, sur lequel vivent les religions anciennes et modernes, est en soi illogique, car il implique que le Dieu qui ne veut pas se montrer, cherche néanmoins à se rendre présent et sensible aux fidèles, non par sa présence réelle, mais à travers de moyens *détournés*.

5. Le Christ n'a jamais accompli (dans la tradition biblique) sa promesse de retour.

6. Il semble contreproductif que Dieu veuille en même temps être révélé (c'est pourquoi il s'est manifesté à Moïse, aux prophètes et aux saints, c'est pourquoi le Christ est venu témoigner de l'amour du père pour l'humanité) et qu'en même temps il utilise des

à voir avec la résolution ou la guérison de malheurs que parfois ni la science même ou la médecine ne peuvent réussir.

6. Si elle n'est rien qu'une autre forme de l'animalité, pourquoi l'humanité a-t'elle des codes moraux qui, bien qu'elle ne les respecte presque jamais, lui font comprendre la valeur au-delà de soi-même et croire en des vies qui, comme postulait Saint Anselme, ne pourraient pas exister si nous ne les concevions pas? Ou, mieux encore, comment avons-nous pu concevoir des objets inexistants, si ceux-ci, dans un certain niveau de conscience, n'avaient pas une existence préalable? Bien que cela paraisse, nous sommes d'accord avec Saint Thomas, cette proposition, de confondre l'idée avec la réalité, ne laisse d'avoir une certaine validité au niveau, du moins, de la question des idées pures kantiennes (ou vérités jamais expérimentées, mais dont nous savons qu'elles sont vraies). Certes, les codes moraux permettent la survie du groupe (ils évitent, dans une certaine mesure, le massacre collectif), mais aussi, comment et pourquoi en vinrent-ils à être proposés, non depuis la sphère laïque, mais théologique des interdictions méthodes basées sur des preuves circonstancielles, ce qui ne favorise pas l'expansion de son discours, mais la question délicate sur la réalité de ces manifestations.

7. Dans la même ligne, d'une part les religions nous parlent généralement d'une loi immanente et supérieure qui punit dans le moment les mauvaises actions, mais d'autre part, quand on se rend compte que ce n'est pas le cas et que les dictateurs ont une bonne vie, on nous dit alors que la punition sera donnée dans l'Au-delà, où le dernier sera le premier, et *vice versa et inversement* pour paraphraser les surréalistes. En même temps, d'une part, on nous dit, au moins dans les trois grandes religions monothéistes modernes, que dans l'Au-delà, les méchants subissent des châtiments incomparables, mais en même temps on nous dit que les mauvais esprits, que ceux-ci soient des démons ou les âmes des condamnés, apparemment ne souffrent pas en enfer pour leurs fautes passées, mais semblent se complaire à nous tenter pour nous faire succomber. Ces éléments nous semblent tous deux contradictoires. Le sens populaire, bien qu'avec une touche apotropaïque, comprenait

rituelles? L'apparition parmi l'humanité, d'âme mauvaise, d'intentions justes (même avec des finalités intéressées et de coercition) implique, en quelque sorte, ce que dit Anselme, ce qui pourrait très bien être une origine hors de cette dite humanité. En d'autres termes, la question est: d'où vient la conscience?

7. À la suite de Hegel, nous pouvons considérer que, autant dans la mesure où il s'éloigne du modèle pour entrer dans un processus de reproduction dont la joie dépasse la logique que nous donne le sens commun (pourquoi représenter les natures mortes de ce que nous avons à la main, et prendre plaisir à les voir pendre dans la cuisine ou dans la salle à manger?), que parce qu'il nous procure un plaisir qui, même dans la perspective freudienne, surpasse le domaine du naturel, l'art pourrait être une manifestation de la transcendance dans l'humanité. Hegel écrit:

"L'art étant reconnu comme une création de l'esprit, on peut se demander quel besoin l'homme a de produire des œuvres d'art. Ce besoin est-il accidentel? est-ce un caprice et une fantaisie, ou bien un penchant fondamental de notre nature?
Le principe d'où l'art tire son origine est celui en vertu duquel l'homme est un être qui pense, qui a conscience de lui, c'est-à-dire qui non-seulement existe, mais existe pour lui. Être en soi et pour soi, se redoubler sur soi-même, se prendre pour objet de sa propre pensée et par là se développer comme activité

bien cette contradiction, avec la plaisanterie bien connue: si dans le paradis on passe le temps à chanter la gloire de Dieu, sans luxure ni plaisirs, je préfère aller en enfer. Le dit encore le refrain, également populaire: "*Porténse bien, y si se portan mal, invítanme*", qu'utilise pour finaliser son programme *El Toque de Áquiles* le cuisinier sur la chaîne Utilísima.

8. Comment croire dans l'Église, donc dans sa figure de Dieu, lorsqu'on voit comment se comportent ses représentants (Inquisition, intolérance, anti-darwinisme, homophobie, abus de mineurs, et, dans le cas de personnalités publiques, au Nicaragua, nous penserons à l'action ambiguë de Mgr Obando avec le gouvernement ortéguiste)? (La même question pourrait, et devrait, être posée en politique, en ce qui concerne les partis.) L'offrande totale de soi dont on nous parle (*1 Rois*, 19, 16-21; *Luc*, 9, 51-62; *Galates*, 5, 13-18) peut seulement se donner si l'on croit au message *et* au messager.

9. Quelle est la pertinence de la punition si celui qui est puni n'en connaît pas la cause? Par conséquent, le concept de réincarnation est invalidé, qui permet de comprendre pourquoi des nouveau-nés qui n'ont pas

réfléchie, voilà ce qui constitue et distingue l'homme, ce qui fait qu'il est un esprit."[81], pour ce qu'*"Il en est de même de l'art; c'est lorsqu'il est ainsi libre et indépendant qu'il est véritablement l'art, et c'est seulement alors qu'il résout le problème de sa haute destination, celui de savoir s'il doit être placé à côté de la religion et de la philosophie comme n'étant autre chose qu'un mode particulier, une manière propre de révéler Dieu à la conscience, d'exprimer les intérêts les plus profonds de la nature humaine et les vérités les plus compréhensives de l'esprit. C'est dans les œuvres de l'art que les peuples ont déposé leurs pensées les plus intimes et leurs plus riches intuitions. Souvent les beaux-arts sont la seule clef au moyen de laquelle il nous soit donné de pénétrer dans les secrets de leur sagesse et les mystères de leur religion.*

Quant au reproche d'indignité qui s'adresse à l'art comme produisant ses effets par l'apparence et l'illusion, il serait fondé si l'apparence pouvait être regardée comme quelque chose qui ne doit pas être. Mais l'apparence est nécessaire au fond qu'elle manifeste, et est aussi essentielle que lui. La vérité ne serait pas si elle ne paraissait ou plutôt n'apparaissait pas à elle-même aussi bien qu'à l'esprit en général. Dès lors, ce n'est plus sur l'apparence ou la manifestation que doit tomber le reproche, mais sur le mode de représentation employé par l'art. Mais si on qualifie ces apparences d'illusions, on pourra en dire autant des phénomènes de la nature et des actes de la vie humaine, que l'on regarde cependant comme constituant la véritable réalité; car c'est au delà de tous ces objets perçus immédiatement par les sens et la conscience qu'il faut chercher la véritable réalité, la substance et l'essence de toutes choses, de la nature et de l'esprit, le principe qui se manifeste dans le temps et dans l'espace par toutes ces existences réelles, mais qui conserve en lui-même son existence absolue. Or, c'est précisément l'action et le développement de cette force universelle qui est l'objet des représentations de l'art. Sans doute elle apparaît aussi dans le monde réel, mais confondue avec le chaos des intérêts particuliers et des circonstances passagères, mêlée à l'arbitraire des passions et des volontés individuelles. L'art dégage la vérité des formes illusoires et mensongères de ce monde imparfait et grossier, pour la revêtir d'une forme plus élevée et plus pure, créée par l'esprit lui-même. Ainsi,

encore pu commettre de péchés dans leur courte vie peuvent souffrir des horreurs.

10. Est contradictoire l'idée que la moralité est un phénomène tellement fondamental et rationnel qu'elle s'explique de soi (ne pas tuer, ne pas voler, ne pas avoir de relation incestueuse), alors que se mentionne le fait que les plans divins sont si complexes qu'ils nous sont incompréhensibles, deux concepts inventés pour valider l'obéissance nécessaire à Dieu (par conséquent à son existence immanente et à son pouvoir direct sur nos vies), sans que nous ayons le droit de questionner cette entité absolue, arbitraire et supérieure.

11. Incohérente est, dans l'Église chrétienne, la double position, d'une part de l'identification entre les enfants et l'innocence absolue (cf. le massacre des Saints Innocents), et d'autre part l'idée de pourquoi un enfant innocent peut souffrir des malheurs majeurs (maladie, abus, viol). Certaines religions, qui adoptent néanmoins la même idéologie de l'enfance comme innocence, la résolvent en croyant que l'on paie ce que l'on a fait dans des vies antérieures. La foi chrétienne peut

---

[81] Georg Wilhelm Friedrich Hegel, *Esthétique*, trad. de Ch. Bénard, Paris, Librairie Germer-Baillière, 1875, T. I, " *II. Principe et origine de l'art*", p. 14.

bien loin d'être de simples apparences purement illusoires, les formes de l'art renferment plus de réalité et de vérité que les existences phénoménales du monde réel. Le monde de l'art est plus vrai que celui de la nature et de l'histoire."[82]

8. Comme Kant l'a exposé, Dieu existe, au moins au niveau du concept pur (*nihil negativum*) en cela que les humains le conçoivent (voir aussi, sur ce point, Saint Anselme, dont se dérive la formulation kantienne).

9. Du point de vue des hypostases ou des manifestations de Dieu, le problème de son existence ne doit pas être considéré uniquement du point de vue du pouvoir (s'il est Tout-Puissant, c'est-à-dire en processus d'existence), puisqu'une idée commune aujourd'hui est aussi qu'il peut n'être considéré comme rien d'autre qu'un créateur (Père, moteur premier, ce qui dans beaucoup de littérature ufologique a permis de poser le problème simplement depuis l'origine de l'humanité; pareillement de nombreux astrophysiciens, s'affrontant à la question de l'origine de l'univers, de manière inattendue, se sont déclarés croyants).

10. La science, comme la religion, travaille sur la base de témoignages individuels. Même

vous renvoyer au Péché originel que nous payons ensemble. Dans tous les cas, ce sont des éléments casuistiques, non pas démontrables, mais simplement qui peuvent être supposés pour trouver des raisons à des situations irrationnelles, ou du moins non explicables par la morale, donc compliquées à justifier du point de vue d'un être supérieur entièrement bienveillant.

12. Le débat entre libre arbitre et prédétermination est insolvable et inefficace pour vraiment comprendre comment et pourquoi un être bon peut créer des êtres pervers, ou pourquoi un Dieu tout-puissant n'a pas le contrôle total de ses créatures et préfère les voir errer jusqu'aux souffrances les plus atroces au lieu de les améliorer. De fait, cela est encore moins compréhensible si nous considérons que dans la *Bible* comme dans le *Popol-Vuh* ou la mythologie grecque et les différentes de l'Amérique du Nord par ex. il y eut plusieurs tentatives (rejetées par les mêmes dieux) d'humanité pour arriver à l'actuelle.

13. Le débat entre le libre arbitre et la prédestination, jamais résolu de

---

[82]*Ibid.*, "I. Définition de l'Esthétique et réfutation de quelques objections contre la philosophie de l'art", pp. 5-6.

lorsque la science parle de la reproduction de ses expériences, la question du placebo, le pouvoir du médicament, comme par exemple dans le cas des ventes télévisuelles qui, autant que nous sachions, ne sont jamais attaquée pour publicité mensongère, de médicaments contre le surpoids ou la calvitie, ainsi comme les débats entre scientifiques et les thèses sur les causes du réchauffement climatique ou de l'impact du tabac sur le risque de cancer, vérifient le peu de sécurité réelle des approches scientifiques prétendument plus dures et infailliblement assurées.

11. Si Dieu existe, ses conditions d'existence pointeraient plus vers un (des) mauvais dieu(x). En laissant, en son(/leur) pouvoir absolu, qu'arrivent les horreurs naturelles, génétiques et sociales (misère, guerres), et en tolérant les méchants, il(s) agi(ssen)t comme un(/de) dictateur(s) sauvage(s).

12. On pourra nous opposer que, dans la bataille entre le Bien et le Mal, Dieu, pour entièrement bon et égalitaire, créa Luzbel à son image et à sa semblance, mais que celui-ci l'a trahi parce que fut plus forte en lui l'appétence du pouvoir. Par conséquent, Dieu a décida de soustraire de ce manière satisfaisante, n'est pas convaincant dans ses résultats conventionnels: il est plus probable qu'il n'y ait rien au-dessus de nous. Qu'il n'y ait pas de corrélation de forces entre action (humaine) et réaction (divine). En fait, la comparaison tant appréciée des théologiens entre Dieu et un père de famille ne facilite rien. Quel père donnerait des cauchemars et des chagrins à ses enfants, pour leur promettre plus tard une hypothétique vie meilleure? Ni la société humaine n'accepte un tel comportement chez les étrangers (cf. les punitions infligées aux violeurs, en particulier d'enfants, et aux tueurs en série, même avec des doutes sur leurs états mentaux). Il serait plus probable, si nous acceptons la prémisse qu'il y a quelque chose au-dessus de nous, soit que nous soyons des expériences de laboratoire, soit que Dieu est trop bon (suivant la métaphore de comparaison Dieu-père de famille), et aurait besoin d'une *Supernanny*, comme celle du programme éponyme à notre référence.

14. Si Dieu et les autres forces existaient vraiment, dans un sens positif, n'empêcherait-Il pas le mal, et/ou en sens négatif, s'il y avait des forces démoniaques,

pouvoir absolu à ses prochaines créations (les humains, un passage quelque peu semblable pourrait être le grec des Titans aux humains), mais en leurs laissant, par sa propre bonté absolue et non rancunière, la possibilité du choix entre le Bien et le Mal. Au-delà de la question casuistique (que pourrait se faire les candidats à dictateurs perpétuels du Socialisme du XXIème Siècle) de savoir pourquoi, s'il fit ses anges à son image, ceux-ci ne pouvaient pas alterner avec lui (à partir d'un principe absolu de l'identité, d'amour et de don de soi), et en outre de l'autre: pourquoi, absolument bon, à l'image et ressemblance de son Créateur, a) Luzbel voulut le supplanter (c'est-à-dire pourquoi naquit en lui la méchanceté, si l'être créateur ne la contenait pas en lui), et b) s'il était identique à son Créateur, pourquoi ne pouvait-il pas se substituer à lui, au moins temporellement, puisqu'étant le même (comme aussi les Trois Personnes), il n'y aurait pas dû y avoir de problème en cela, restera la constatation que l'origine, généralement admise, de l'évolution de l'univers et des êtres vivants, se fait par division, c'est-à-dire par expansion, ce qui

celles-ci, par leur pouvoir même, n'auraient-elles pas évité que soient brûlées les sorcières, et, au contraire, ne les auraient-elles pas protégées?

15. De même, chaque religion et chaque État revendiquant Dieu, dans une situation de guerre: de quel côté est Dieu? Des États-Unis ou de l'Irak? Du vainqueur ou du vaincu? Par conséquent, dans la Seconde Guerre Mondiale, fut-il en premier du côté des nazis pour changer après, ou a-t-il mis à l'épreuve la résistance des alliés et de ceux qui ont souffert l'horreur des camps de concentration, juifs, homosexuels ou handicapés?

16. Pour ce qui précède, Dieu apparaît plus comme un ami secret, à qui nous disons nos malheurs, invention de notre cerveau adulte pour continuer avec la consolation que pouvaient nous donner ceux que nous avions inventés dans notre enfance, que comme quelque chose de réel. Sinon pourquoi l'holocauste, la torture, l'injustice, la misère, la solitude intense, etc.? L'alternative serait de penser le mal (et non la bonté) absolu(e)? de Dieu.

17. Les textes des différentes religions présentent de nombreuses coïncidences (Dupuis, Dumézil) qui pointent en général vers la

implique un *appétit inné*, ce qui explique pourquoi l'humanité, aujourd'hui encore, bien que connaissant les dangers qu'elle encourt et le mal qu'elle fait à la terre qui la contient et la nourrit, continue de procréer, provoquant la disparition des autres espèces, ainsi que des matières premières, l'eau, l'air, et tout ce qui lui est indispensable pour, précisément, survivre. Ce qui explique pourquoi l'humanité agit de la même manière que les crapauds géants ou tout autre fléau.

symbologie solaire ou saisonnière. Il semble donc qu'ils sont plus le produit de l'esprit symbolique et animiste de l'humanité que le message moral d'un dieu.

18. Pour ce qui précède, l'intervention du Christ sur le monde humain, ou des autres représentations salvatrices (Moïse, les prophètes, Mahommed, Bouddha, Quetzalcoatl), n'ont, narrativement - et en cela le cas de Jésus est paradigmatique - si ce n'est dans le cadre littéraire de leurs actions racontées, eu absolument aucun effet ni provoqué aucun changement sur le monde tel que nous le connaissons (nous voulons dire moralement, car il est évident que leurs figures respectives imposèrent et provoquèrent des changements de religions, de rituels et de cultes).

19. Si les théoriciens n'ont pas décidé de l'existence du Christ, une erreur commune de tous, croyants et athées, habitués à être en mesure de localiser la mythologie dans des lieux géographiques spécifiques (la mer d'Ulysse, l'Olympe, l'Égypte de Moïse, Jérusalem, la forêt de Brocéliande, même les auteurs de fiction comme Stephen King encouragent ce type d'identification, en plaçant

toujours leurs actions dans une région spécifique, dans le cas de King c'est le Maine, où il vit), c'est penser que par conséquent tout les épisodes doivent avoir une double réalité: géographique (sans penser que la forêt du Petit Poucet n'existe pas nécessairement en tant qu'espace physique) et historique (selon l'idée que si l'endroit existe l'épisode pourrait être arrivé, ainsi dans l'Antiquité il était courant de trouver qui indiquât où voir les traces d'Héraclès ou de Dionysos).

20. L'évolution de l'humanité de l'animisme au polythéisme au monothéisme révèle un processus de simplification et de congrégation des attributs des différents dieux en un, depuis une mentalité primitive, qui ne prouve pas l'existence divine, mais l'idée infantile que tout objet a une âme. La définition dans un épisode de la série télévisée télévisée *Monk*, dans la prière au bord de la mer pour l'âme des morts du *crash* d'un boeing 848, de la part du prêtre de Dieu comme "*Lord of the universe, the ocean and the sky*" met clairement en évidence la superposition des attributs de divers dieux en un, et la permanence de l'esprit animiste dans la religion contemporaine

	21. Par conséquent, marqués par l'histoire, la religion et les religions - ainsi que le patriotisme - les cultes se montrent à nous comme culturellement impliqués, c'est-à-dire non comme le produit originel d'une force extérieure, mais comme l'expression des besoins de développement et de stabilité affective et sociale des civilisations humaines (parfois contradictoires, puisque provoquant le chaos, par des oppositions religieuses ou dans l'interprétation de la signification des écritures partagées).
	22. De là, nous est aussi révélée une idée de base, étroitement liée aux peurs de l'individu, dans toutes les religions, et dans la chrétienne: l'idée qu'il y a un bénéfice direct de la croyance (ce qui, selon Pierre Saintyves dans l'introduction Les Contes de Perrault à *Les Contes de Perrault et les récits parallèles*, rééd. Paris, Robert Laffont, 1987, par rapport aux histoires mythiques africaines, leur enlevait une valeur morale supérieure): et celui-ci est la vie éternelle (cf. *Jonas*, 2-6, *Psaumes*, 49-9, 49-15, 86-13, *Jean*, 2-22, *Luc*, 24-44, *Actes*, 13-35). Le texte de *1 Cor.*, 15, 14-26 est en cela très clair: "*15.14 Et si Christ n'est pas ressuscité, notre prédication est donc vaine, et votre foi aussi est vaine. 15.15*

Il se trouve même que nous sommes de faux témoins à l'égard de Dieu, puisque nous avons témoigné contre Dieu qu'il a ressuscité Christ, tandis qu'il ne l'aurait pas ressuscité, si les morts ne ressuscitent point. 15.16 Car si les morts ne ressuscitent point, Christ non plus n'est pas ressuscité. 15.17 Et si Christ n'est pas ressuscité, votre foi est vaine, vous êtes encore dans vos péchés, 15.18 et par conséquent aussi ceux qui sont morts en Christ sont perdus. 15.19 Si c'est dans cette vie seulement que nous espérons en Christ, nous sommes les plus malheureux de tous les hommes. 15.20 Mais maintenant, Christ est ressuscité des morts, il est les prémices de ceux qui sont morts. 15.21 Car, puisque la mort est venue par un homme, c'est aussi par un homme qu'est venue la résurrection des morts. 15.22 Et comme tous meurent en Adam, de même aussi tous revivront en Christ, 15.23 mais chacun en son rang. Christ comme prémices, puis ceux qui appartiennent à Christ, lors de son avènement. 15.24 Ensuite viendra la fin, quand il remettra le royaume à celui qui est Dieu et Père, après avoir détruit toute domination, toute autorité et toute puissance. 15.25 Car il faut qu'il règne jusqu'à ce qu'il ait mis tous les ennemis sous ses pieds. 15.26 Le dernier ennemi qui sera détruit, c'est la mort."[83] Comme le Symbole de Nicée: *"J'attends la*

---

[83]https://www.info-bible.org/lsg/46.1Corinthiens.html#15

résurrection des morts, et la vie du monde à venir."[84]

23. Le culte néolithique des morts, qui nous fait entrer dans l'histoire, et qui perdure dans le culte des reliques, qui implique non seulement leur préservation, mais leur transfert dans les actes de foi, enseigne que les religions contemporaines, les plus avancées et les plus *"morales"* selon Saintyves, restent, comme les primitives, fétichistes et totémiques.

24. L'idée d'une cause pour chaque action (qui provoque la peur des animaux et de nous autres aussi devant le bruit des branches sur le zinc ou du tonnerre) est la manifestation d'une logique d'expérience immédiate (le feu brûle, la bête griffe, l'ennemi frappe), pas la vérification d'une existence surhumaine.

25. En quel dieu croire? Non seulement le Christ ne revint pas à la fin des mille ans promis, mais les sacrifices pour les précolombiens avant l'invasion européenne ne les ont pas aidé, ni non plus la foi pour les juifs au cours de l'histoire.

26. Quand ils ne sont pas incohérents et semblent être le produit d'une imposition arbitraire (ne pas

---

[84]https://fr.wikipedia.org/wiki/Symbole_de_Nic%C3%A9e#Traduction_fran%C3%A7aise_2

<table>
<tr><td></td><td>

manger de porc), les interdits des religions semblent provenir du sectarisme (par exemple, sexiste dans le *Lévitique* contre les femmes menstruées, ou dans l'Islam interdisant aux femmes de montrer leur visage).

27. Suivant, bien que n'étant pas d'accord avec Saintyves sur l'évolution vers l'éthicité des sociétés primitives vers les actuelles, nous devons reconnaître que les promesses des Églises ont toujours à faire avec la satisfaction immédiate, facile et irrationnelle des besoins (guérir les maladies, retirer de la misère) et des peurs (ne pas mourir, vivre pour toujours, obtenir le bonheur dans l'au-delà pour l'éternité) de l'humanité.

28. Même les religions monothéistes ont des traits du cannibalisme original (dans l'eucharistie).

29. Les religions n'ont pas toujours eu raison (sur l'univers), ce qui remet en question leur caractère de révélation.

30. Leurs interdictions ne sont pas non plus toujours conformes au sens commun ou à ce que nous considérons aujourd'hui comme les droits humains. Nous pensons à l'Église dans l'Inquisition ou dans la Conquête de l'Amérique

31. En dépit de se considérer rachetés par la mort du Christ, les

</td></tr>
</table>

chrétiens, qui ont formé le visage du monde moderne et contemporain, ont changé son fond véritable (violence, crimes, haine, incompréhension, sauvagerie sociale et individuelle).

32. Du point de vue des hypostases ou des manifestations de Dieu, est plus convaincante la figure des anciens dieux - à l'image et à la ressemblance de l'homme (souffrant de jalousie et d'envie, cf. les exemples de Marsyas ou d'Ulysse...) - qui permet d'expliquer de manière plus simple et plus compréhensible la méchanceté répandue dans le monde et apparemment acceptée par le "*créateur*". Le Dieu des trois grandes religions monothéistes, entièrement bon, par opposition à un démon qui veut renverser et remplacer la bonté absolue par le mal absolu est peu crédible, puisque les *Évangiles* eux-mêmes, plus explicitement encore les *Apocryphes* - et ainsi l'assument l'iconographie et la théologie chrétiennes -, considèrent que la mort du Christ correspond à la rédemption du Péché originel et par conséquent nous a fait entrer dans un nouvel état de salvation, bien que nous ne voyons pas (malgré la descente aux Limbes et la salvation des Protoplastes) un moindre degré de crimes, légaux

| | ou illégaux, dans la société depuis l'arrivée sur la terre et la mort du Christ. |
| | 33. L'idée de Dieu n'est pas plus crédible que celle de la sirène ou du centaure, la création de monstres dans l'imaginaire humain n'équivaut pas à sa réalité obligatoire. |

Bien que nous aimerions donner une réponse terminale à la question du "*nihil negativum*", néanmoins il nous semble possible de résoudre le problème de la prédestination et du libre arbitre à partir de ce qui précède.

Si Dieu existe, ce qui est peu probable étant donné ce qui précède, en aucun cas il ne peut être comme on nous le décrit dans la *Bible*, il serait plus comme les dieux des antiques Grecs et de l'*Odyssée*. En effet, si Dieu était parfait, il n'aurait pas créé des êtres imparfaits, et s'il l'avait fait, étant donné que toutes les traditions, y compris la *Bible*, parlent de différentes versions de l'humanité, il rejetterait les versions imparfaites. La comparaison casuistique entre Dieu et un père humain est confuse et peu crédible: le père humain est imparfait, de par sa nature même. De plus son pouvoir de décider de l'avenir de ses enfants, bien que grande, est limitée au moment, certes long, où ils vivent sous son toit, mais de même qu'il peut les affecter négativement, il ne peut pas nécessairement empêcher qu'ils se trompent ou qu'ils s'éloignent du droit chemin.

Dieu, comme être parfait, n'a pas cette difficulté. Nous sommes sous son mandat absolu. Ainsi, dans un discours religieux cohérent, nous devons reconnaître que Dieu est mauvais, parce que c'est ainsi qu'il a voulu créer l'humanité, et laisser arriver les horreurs dont nous sommes témoins, de toutes les dictatures et exterminations, de la torture, de la misère et du chômage, ceci au niveau social, et au niveau individuel, du mal-être, des troubles du corps et de l'esprit, de l'innommable solitude.

Ainsi, l'approche de *Bruce Allmighty* (2003, Tom Shadyac) est erronée, de même que la théorie chrétienne: bien qu'il soit compréhensible qu'un humain ne puisse pas remplir le devoir de Dieu, cela ne justifie pas l'incompétence de celui-ci. C'est comme si l'incompétence d'un ingénieur nucléaire était justifiée par l'incapacité d'un enfant de trois ans à faire un tel travail.

Évidemment, une telle idée d'un dieu maléfique, s'approchant du *Caïn* (1821-1822) de Byron, nous inscrit, certes, dans une idéologie à son tour proprement contemporaine, autre difficulté de penser Dieu: son inscription dans le discours d'une époque.

Miracle

1. Prémisse: le miracle en tant que phénomène fermé

Le miracle, en se présentant comme l'expression d'une action surnaturelle surprenante, se referme sur lui-même, ne représentant plus rien.

De fait, originellement, le miracle est supposé servir à démontrer l'existence de la divinité. Sa non-reproductibilité désignant l'élu, quand, pour nous, il montre sa faiblesse, puisque la divinité, si elle ne se représente pas pour tous à tout moment (d'où l'insistance des croyants à supposer que la *Bible* condense en elle tous les genres et les concepts, et en voyant dans le Livre [quel que soit celui-ci], extension de l'idéologie médiévale, la science absolue, le Verbe qui provoque de bons ou de mauvais événements) ne prouve pas un pouvoir, mais un besoin d'illustration.

2. Le miracle en tant que créateur de culte au miracle lui-même

En effet, le miracle, réduit au cadre de l'image provoque le culte à celle-ci. La question du culte aux idoles n'est pas ce qui nous intéresse ici, n'étant ni protestant, ni juif, ni musulman, ni iconoclaste byzantin. Mais le fait que ce n'est plus l'origine du miracle qui est vénérée, mais l'objet qui le contient. Bien sûr, on nous dira qu'à travers cette image le croyant sait qu'il vénère la divinité qui a fait le miracle. Cela ne nous semble pas si évident.

Le prouve le mieux l'insistance dans le discours social (voir par exemple le film *Annabelle*, 2014, John R. Leonetti) sur la densité de pouvoir de l'objet ou du véhicule, immortel quand l'être derrière lui peut se retirer. C'est-à-dire que le miracle ou la démonstration de la force paranormale a pour fin en soi de provoquer la peur, de convertir le spectateur, et cela même dans le cas d'un objet malfaisant, parce qu'il a encore un effet sur l'individu, mais dans le cas des objets bénéfiques (vierges sanglantes, etc.), bien sûr, ils contiennent des vertus curatives, mais le miracle montre que la pierre peut saigner. Cela démontre, donc, quelque chose que la foi devrait imposer comme un acte préalable au miracle: il existe un être supérieur qui peut faire n'importe quoi. Le papillon qui vole, le cœur qui bat, devraient être les miracles nécessaires, pas la seule Vierge de toutes les pierres qui peut ou pas saigner. L'unicité de l'exemple, dans ce cas, malinterprétation théologisée (alors que souvent nous avons étudié le sens inverse de laïcisation) du principe aristotélicien, réduit exponentiellement et parallèlement son pouvoir de démonstration. Un exemple de miracle implique, nécessairement, que le reste ne le soit pas (l'intelligence humaine, l'apparition de la vie sur la planète, ...).

Si Dieu a besoin de se prouver à moi, c'est qu'il n'existe pas auparavant à cette expérience thomiste de présentation, c'est-à-dire que je ne peux pas le connaître, car, et là la religion donne raison à la rationalité, il n'est pas perceptible. Or, la question est de savoir si, en se présentant uniquement, c'est-à-dire dans une opération surnaturelle, précisément parce qu'elle n'est pas disséminée dans la nature des choses, elle prouve son existence ou, au contraire, elle ne fait que démontrer sa nécessité pour exister.

Par conséquent, la première étape de notre prémisse a été vérifiée: dans le miracle, l'antériorité objective de l'existence de la divinité est niée, par nécessité.

3. Le miracle comme phénomène réduit: ce n'est pas parce que le général part du particulier que le particulier n'implique pas le général

Voyons donc le deuxième point, auquel nous venons de faire allusion.

À se représenter une fois, cette fois, au-delà du débat sur la reproductibilité, que nous connaissons déjà, scientifique, sera suffisante pour la démonstration proposée? Nous prétendons que non, pour la raison suivante: non seulement ce que nous venons de dire (en se représentant, il nie l'antériorité cognitive de l'objet qui est prétendu être représenté par le miracle), mais par le fait qu'en intégrant l'unicité de cette représentation comme une nécessité de celle-ci (ce ne serait plus un miracle s'il se reproduisait dans tous les coins de la planète et à tout moment du jour et de la nuit) il réduit le miracle à un espace et à un lieu liés à ce qui le contient, il crée, donc, une nécessaire, il aussi, confusion entre le continent du miracle (grotte, sculpture, personne [par exemple: la fréquence de sanctification des personnes impliquées dans le miracle, de saint François d'Assise à sainte Thérèse de Lisieux et Bernadette Soubirous]) et celui-ci. Par conséquent, il réduit le caractère généreux et universel à quelque chose de ponctuel et de personnel (identifiable avec un objet concret, ce qui démontre la difficulté d'abstraction, en général, de l'esprit humain, c'est-à-dire de concevoir le grand, ce que les comportementalistes savent très bien, puisqu'ils ont montré comment nos concepts abstraits, en réalité, se basent sur des valeurs géographiques concrètes de l'ambiance proche aux dimensions du corps individuel, c'est-à-dire à ses perceptions directes).

4. Le miracle comme dérivation non discursive: le miracle ne peut pas parler (ou représenter quoi que ce soit) au-delà de lui-même

D'autre part, il arrive aussi, ceci est la dernière chose que nous puissions dire, une aliénation de la proposition originale (démontrer l'existence d'une certaine divinité) avec le médium utilisé. Ainsi, nous confessons qu'il nous est difficile de comprendre en quoi un saignement, réel ou non, d'un objet ou de parties du corps d'une personne spécifique peut prouver l'existence de Dieu. C'est comme supposer que parce que les pierres se déplacent dans un coin de la planète (la Vallée de la Mort[85]), cela prouverait, pour un Chinois, qui ne nous connaîtrait pas et n'aurait aucun autre moyen de nous connaître (c'est-à-dire, au fond, aucun moyen du tout), notre existence en tant que personne.

En quoi un phénomène surnaturel, de quelque nature qu'il soit, du moment qu'il n'est pas directement lié à l'objet à tester, peut-il nous y aider sérieusement? En d'autres termes, un phénomène surnaturel, qu'il soit vrai ou non, même en supposant qu'il soit, n'a pas plus de pouvoir que de montrer quelque chose de très particulier (sa propre existence) en même temps que quelque chose de très général (la possibilité du surnaturel en soi), mais pas de quelque chose d'intermédiaire (l'existence corrélative spécifique

---

[85]http://en.wikipedia.org/wiki/Sailing_stones

d'un être divin, c'est-à-dire d'un moteur primaire, liée au fantastique du fait concret).

Saigne une statue, prouvant qu'elle peut saigner, mais le saut logique qui prétend, par conséquent, considérer que pour cette raison, cela prouve l'existence de Dieu, appartenant la statue sanglante à une religion spécifique, cela est déjà de l'interprétation. En premier lieu, parce que le miracle ne parle pas. Il montre seulement. C'est comme un poing fantastique et gigantesque qui pointe du ciel vers quelque chose. Ce poing ne prouverait pas avec certitude que, derrière le nuage, il y eusse tout un corps qui le guidasse.

C'est la question simple, en quelque sorte, du chat de Schrödinger[86]. Sauf pour l'odeur de mort, savoir qu'un chat est enfermé dans une boîte ne me permet pas de savoir s'il est vivant ou mort, tant que je n'ouvre pas ledit contenant. Plus généralement, ou inversement si l'on veut, sachant que nous avons une boîte ne nous permet pas d'induire qu'il y ait un chat à l'intérieur.

5. *Corinthiens*, 15, 14

Éclaircissons. *Cor.* 15, 14 dit: "*Et si Christ n'est pas ressuscité, notre prédication est donc vaine, et votre foi aussi est vaine.*"[87]

Nous pensons plutôt que le sacrifice du Christ n'a pas de but précis.

Nous l'avons déjà exprimé dans un autre texte, sur l'"*Existence de Dieu*". Alors que Dieu en tant qu'élément de la foi s'impose comme la vérité *en soi*, bien que nous ne l'approuvions pas, nous pouvons le comprendre. Mais que, tout-puissant, il ait besoin de mourir, de se tuer lui-même ou son fils, dans l'holocauste, pour racheter les péchés, alors que dans la vraie société l'effet d'une telle rédemption n'est pas vu, le miracle de la Résurrection en devient à n'être rien d'autre qu'un acte de magie. Je disparais et je réapparais. Si, de fait, il n'a pas opéré de changement réel, sinon, tout au plus, symbolique, puisqu'il a tout laissé pareil, entre autres le problème de

---

[86] Le modèle, assez absurde, selon nous, dans le champ de la physique, se posant, sans le savoir, d'ailleurs, dans le cadre de la pensée perspective philosophique, sert parfaitement ici, puisqu'il se présente *depuis la position du spectateur*.

[87] https://www.info-bible.org/lsg/46.1Corinthiens.html#15

la prédétermination et du libre arbitre, son seul but se réduisant, comme nous l'avons souligné, en vient à auto-justifier l'existence du miracle pour lui-même.

.

Il ne prouve pas l'existence de Dieu, assumée précédemment, donc la foi se passer de ce miracle, pour preuve, les juifs vivent sans en avoir besoin pour avoir et vivre leur foi.

Il n'a pas non plus eu, nous le répétons, d'effet concret.

Ainsi, il s'auto-proclame comme auto-suffisant dans une action et une réaction enfermées sur soi-mêmes, dont le besoin réside dans la prémisse qu'il devait se produire (d'où le fait que la théologie insiste sur le caractère typologique de la majeure partie de la vie du Christ par rapport à l'*Ancien Testament*, se validant non par sa vie propre, mais par les préfigurations qui lui donnent sa valeur, dans un système gouverné par la répétition, c'est-à-dire par l'idée qu'il était nécessaire, non en soi, mais pour les préfigurations [lesquelles, nous insistons, existent en dehors de la typologie christique, comme le prouve la foi juive autosuffisante sans le Christ ou le *Nouveau Testament*] le préparèrent, il répond, dès lors, comme en miroir, à quelque chose qui n'a pas besoin de lui, ce n'est, donc, qu'une ombre, rien de plus).

6. Inversion et foi, la foi comme inversion, la foi comme concept envers soi-même (voir en particulier ce concept dans les films nord-américains pour adolescents)

L'idée commune que nous ne pouvons pas vivre sans la personne aimée est en fait l'affirmation de la difficulté de vivre notre propre solitude, c'est-à-dire que l'autre est, donc, un objet interchangeable, mais faussement perçu comme irremplaçable, d'où les crimes passionné, pour l'empêcher de s'éloigner de nous.

De là que cette conclusion doit nous permettre de comprendre comment fonctionne le principe de l'idole, figure de soi-même (que voyons-nous au cours des services, sinon les expressions de qui chante ou lit mieux, de qui fait plus montre d'être plus impacté par l'acte[88] en cours?), dérivation inversée de l'objet réel du désir (le Soi, pas le Ça). Comme l'autre, fausse idole (objet conçu par la psyché) dans l'esprit de l'amoureux, devenu compulsif retour (c'est-à-dire incapable d'oublier le désir de posséder l'objet désiré), l'idole religieuse n'est rien d'autre que le moyen par lequel l'individu dans l'acte (par divers moyens, tels que la possession, la passion, l'exacerbation de toute expression corporelle, sensorielle et/ou spirituelle) se loue lui-même, non l'inconnue, absente, passive et non impliquée ici, immatérielle, et supposée, présence divine.

---

[88]Au sens, aussi, théâtral, donc, du terme.

www.ingramcontent.com/pod-product-compliance
Lightning Source LLC
Chambersburg PA
CBHW022011090426
42741CB00007B/986